JN063806

亡くなった方が望むお葬式

林 数馬

青林堂

はじめに

仏教者として私が最近感じることは、仏教とは死後のためのもので、仏教者はその担い手にしか過ぎないと皆さんに考えられているのではないか、ということです。

もちろん、仏教には「死後の世界」という概念があるので、これはある意味仕方がないことなのかもしれません。しかし、その部分だけがあまりにもフォーカスされてしまい、生きている人にはほとんど関係のないもの、と捉えられているのではないかと私は危惧します。更に仏教衰退の原因となりそうなのは、死後の担いのみに偏重しすぎた戦後の寺院の在り方とそこを世襲するという慣例が当然となっていることで、馴れ合いが生じやすくなり規律規範というものが保てなくなっているのではないか、とも考えているのです。

仏教とは本来生きている人の身近にあって、その心の支えとなるものです。

しかし、いつの頃からか、日本人にとって仏教や仏教者は日常生活から切り離された「特別なもの」になってしまったように思えてなりません。

　これは私たち仏教者も同じで、私自身、修行を終えて僧侶となると、自分は特別な存在にでもなったかのような思いを持ってしまっていました。いや、周りの醸《かも》し出す雰囲気や洗脳にも似た感覚により思い込まされていたのです。そして、そのことを疑うことさえしない期間を長く過ごしてしまいました。

　しかし、ある出来事をきっかけに、こうした今の仏教界のあり方に疑問を持つようになりました。

　当時私は都内の寺に奉職していたのですが、そんな時友人から連絡があり「実家の埼玉の菩提寺《ぼだいじ》から、父の葬儀のお布施として５００万円を請求された」と言うのです。私にとってみれば、「そんなのはあり得ない」とただただ驚くばかりの高額布施請求であり、初めて耳にした「５００万」という金額に自分の耳を疑いました。しかし友人ははっきりと「５００万円」と再度私に話し、どうすればいいのかを坊さんとして助言してくれと懇願してきました。

困っていた友人に、お寺ごとにある程度の決まりはあるが、「今、精一杯できるお布施はこれくらいです。決まりにそって納められないのは申し訳ないのですが、今後の父の供養の際にできる限り追加してお布施させていただくので、今回はそれでご容赦いただきたい」と伝え、今準備できる額のお布施を納めれば、ご住職も〝人間〟だから了承してくださると思うよ、と助言しました。

その後友人から、何とか300万円を用意することができたから、と連絡があり、私は「頑張って準備したんだなぁ」と思いを巡らせながら葬儀会場へと足を運んだのですが、通夜に参列してみると、本来ならそこにいるはずの導師の姿は見当たらず、式場内には録音された読経の声だけが繰り返し流されていたのです。

通夜の会葬が一段落した友人に話を聞いてみると、友人が会場に到着されたご住職の控室へ挨拶に行き、何とか工面して用意したお布施300万円を持っていくと「この金額ではダメだ」と突き返されて、そのまま帰ってしまわれたというのです。

あまりにも困り果てる友人を不憫に思い、宗派も違うが、事情が事情なので、私が明日の葬儀にお勤めだけでもしようか、と持ちかけたのですが、気持ちは有難いが先祖代々のお墓もその寺にあるから余計にこじれたら困る、ということでそれもできず、結果私は友人に何もしてあげることができませんでした。

そしてその後、その寺にある墓への納骨も拒否されたと聞き、更に唖然としました。

私の祖父は、実家の寺の住職をしていましたが、小さな寺で地域の檀家さんの家庭環境等を把握していて、今後の生活に窮するような家庭から戴いたお布施を「当主が死んだら、これから家族の生活が困るだろう」と香典に包み換えて、その家に置いてくるような人でした。

その姿を思い出し、目の前の状況を重ね合わせて、何て違うのだろう、これが僧侶のすることとか、と強い憤りを覚えました。

そこで己に問いかけました。真の仏教とは何か？　僧侶として、現代において本当にすべきこと、為すべきこととは何か？

そして、一つの答えに辿り着きました。

「真の仏教者の担いは、世の中を良くすること。そして、みんなで幸せになることである」と。

まずは、死後の担いに偏重している現況から、「生きることに活かす」仏教を伝えることで、真の幸せに各々の力で近づけるようになってもらえる形を創り出そうと考えたのです。

しかし、世の中の声は違っていました。「高額な布施の請求を受け困惑している」「お寺に墓質《はかじち》を取られ、やりたいようにされて困っている」等の悲痛な叫びばかりを耳にすることになるのです。

いくつかの話をもとに、様々な状況の方にお話を伺ってみると、私の友人以上の大金を請求されていたり、中にはローンを組めるお寺があったりと、耳を疑うような話がいくつもいくつも出てきたのです。そこで友人のように「この金額のお布施は妥当か？」「いくら払えばいいのか分からない」といった悩みを抱える人をなくすため、更には今の葬儀の在り方にも誤認されていることがあるので変えよう、と一大決心をして会社を立ち上げました。それが「株式會社おぼうさんどっとこむ」です。

変わり続ける時代の中で、人々の生活は変化していきます。私たち仏教者の考えも時代に合わせて変わっていかなければ、やがて仏教そのものが人々に受け入れられなくなり、廃《すた》れてしまうに違いありません。

本書では、私が考えるこれからの仏教の在り方をはじめ、時代に合わせた葬儀や法要のやり方、そしてこれからの日本の在り方についてお話しさせていただきます。

少しでも皆さんに役立てていただければ幸いです。

著者

【目次】

第三章　仏教者としての道のりと使命

第一章　日本の歴史と仏教の関わり

「仏教」とは生きる人が心豊かに過ごすために、その心に寄り添い、支えとなるもの

皆さんは「仏教」と聞いて、初めに何を思い浮かべますか？

おそらく多くの人は「お葬式」と答えることでしょう。

今の人々にとって、葬儀や法要の時くらいしか仏教に接する機会がない、と思っているのかもしれませんが、日々の暮らしの中で仏教由来のものがたくさんあるのです。

年中行事で言えば、節分の豆まきや大晦日に聞く除夜の鐘。夏季休暇もお盆休み、つまりお盆の供養をするために始まったものですし、かつては花嫁修行の定番であった茶道や華道も仏教を起源としたものです。

また日々の食事の際「いただきます」と言い、手を合わせるかと思いますが、ここにも仏教の教えが息づいています。仏教の発祥の地域では、右手は清浄な手、左手は不浄の手という考え方があり、箸を使用しないで食事をするこれらの地域では、食事

は右手で摂るとされています。また、この合掌の手合わせには、人間は良い面と悪い面の両側面を持ち合わせていて、その良い面を右手、悪い面を左手と捉え、両の掌を合わせることで両面を合わせ持っている己の命も有難く生かされていると感謝できると同時に、人間は他の命を戴かなくては生きていかれない、すでに不殺生《せっしょう》の戒めを守ることすらできない輪廻《りんね》の中の一つの命でしかないのだと戒めてもくださるのです。このように、仏教というものはいつも人々の身近にあって、生活と深く関わりのあるものです。

こうしたものも時代の流れと共に変化します。節分の豆まきを見ても分かるように、生活様式が変わった今では、「豆のカスで汚れて掃除が大変」という人が現れると、節分の行事を止めてしまうのでなく、部屋を汚すことなくそれなりに節分を感じることのできる「恵方巻」が流行《はや》ったりします。もちろん節分商戦といったように、商売上、豆まき用の大豆を売るだけより、商機を捉えたものと風習が相まって新たな流行が生まれ、それを受け容れるかどうか、そして受け容れられるかどうかはまさにその時の

「人」次第なのです。

このように時代に合わせて時の世を生きる人の考え方が変わり、やり方も変わっていくのです。まさに諸行無常《しょぎょうむじょう》ではありませんか。こういった流れは簡単に止めることはできないものです。

そしてそれは仏教にも同じことが言えます。仏教が日本に伝わった当時と今の日本は生活様式が全く違います。古代・中世・近年・現代とそれぞれの時代に合わせて、仏教も人々の暮らしに合わせて変化してきたはずで、もっと言えば、変化できたからこそ仏教伝来以来およそ1500年もの長い間、広く信仰され続けてきた、と私は考えます。

たとえば、葬儀も昔は自宅で行なっていたものが、今ではメモリアルホールのような場所や火葬場併設の斎場などでやるのが一般的になっていますし、初七日法要も命日を含め7日目に行なわれていたものが、葬儀当日に済ませてしまうことがほとんどです。

もちろん変えてはならないこと、変わってはいけないものはありますが、これからの仏教は供養などを始めとしたやり方も時代に合わせたものに変えていけばいい。仏教伝来当初には、「自分のことは自分で決める、それを支えて後押ししてくれる」という現世利益的部分を用いられていたようです。自分の考え方がこれでいいのか、と自分に問いかけ、違うなと思ったら変えていけばいい、という教えとして自分たちの考えを補強するために使われていたのでした。この考え方に従えば「今の時代に合っていないし、自分がこうありたいと考えるのに副ったものをそこから創り出していこう！」としていいわけです。

また、変わっていかないと時代に取り残され、やがては消えていくことにもなりかねない。

実際、昨今のコロナ禍の影響で、葬儀を式場から断られて行なえなかった遺族もいたのですが、「やれないなら、やらない」から「葬儀はやらなくていいもの」と考え始めている人が増えてきてしまって、この傾向が加速すれば、葬儀は必要とされないものとなり、これをきっかけにやがては仏教そのものが完全に人の心から離れてしまい、仏教の必要性すら感じなくなってしまうのではなないか、という危機感を抱かずにはいられないのです。

仏教とは、人々が日々を心豊かに過ごすため、心に寄り添い、その心を支えるためのもの。そして、私たち仏教者はそのサポーターのようなものでしかないのです。

もちろん、亡くなった人を弔うことは私たち仏教者の大切な担いの一つではありますが、法要は亡くなった人のためだけのものではなく、遺された人々、つまり生きている人のためのものでもあるのです。私たちが法要などで上げさせていただいているお経も、どちらかというと人を弔うためのものではなく「間違った方向に行ってはいけない。けれど、踏み外しても戻る所がそこにありますよ」という生き方を指し示すお釈迦さまの教えなのです。

こうした仏教の本当の意味合いなどを、私たち仏教者は伝えていかなければならないと、今強く思わされているのです。

仏教は鎮護国家のために輸入されてきた

仏教は元々、鎮護国家《ちんごこっか》のために本格的に輸入されてきた外来種の教えです。

日本には元来、日本固有の神々を信仰する神道というものがありましたが、これには具体的な「教え」というものがなく、疫病やたびたびに起こる争乱などにより平定しない国を治めるために「仏教の教え」をうまく利用しようと考えたのです。

仏教伝来当時は、朝廷や貴族といった一部の特級階級の人たちにのみ重用されていたものが、時代を経て、広く一般大衆に信仰されるようになりました。

よく新しい宗教が入ってきた場合、既存の宗教との立場の違いから争いに発展することが世界史でもよく見られますが、この当時の日本では珍しいことが起こっていきます。当初は、異教を入れるなという考え方の人たちもいたようで、簡単には信仰は広まりませんでしたが、時を経て、いよいよ仏教も良い教えだと分かってくると、「同じように尊い神様なんだから、１つにして両方とも信仰しよう」となったわけです。これがいわゆる「神仏習合」です。この時代から、自分たち流のアレンジというものが仏教においては為されていたわけです。

たとえば、お稲荷さん。米作が中心産業であった日本では、穀物の神であった稲荷神が古くから広く祀られていました。主祭神は倉稲魂命《うかのみたま》という女神ですが、これを仏教の荼枳尼天《だきにてん》と同一視して扱い始めます。荼枳尼天は天部に属する夜叉《やしゃ》だったのですが、大日如来によって仏教に帰依《きえ》した福神です。元々は稲作とは縁もゆかりもない神様だったわけですが、この両者は共に狐を自分の使いとしていて、そして女神、狐信仰などから習合されたのではないかと考えられています。

こうして人々の暮らしに合わせて変化しながら、仏教というものが広まっていくことになります。伝来以後、しばらくは不遇の時代を過ごす時期もありましたが、蘇我氏の台頭と推古天皇の即位により、崇仏の機運が高まり、飛鳥時代になると聖徳太子と蘇我氏の協力の下、各所に寺院が建立され、その信仰は更なる広まりを続けていきます。私のところの天台宗は平安時代初期に桓武天皇の勅諭《ちょくゆ》を受けた宗派で、真言宗もほぼ同時期に同じく勅諭を受けて成立します。そして、平安時代末期から鎌倉時代にかけての騒乱続きの中、仏教というものが更に広まっていくことになるのです。救いを求めた人々が仏教に帰依し、浄土宗、曹洞宗、臨済宗、日蓮宗、浄土真宗など多くの宗派が生まれました。

そうして江戸時代になると、仏教は幕府の後ろ盾を得て、各地に寺が建立されるようになるのですが、寺は予想以上に普及していたキリスト教を禁教としてキリスト教信者を取り締まるという目的の他、教育や福祉、文化の拠点でもあったのです。分かりやすく言うと、現在の役所のような役割を担っていました。暮らしに困った人の困り事の相談や近隣トラブルの仲裁などもそうですし、DV被害の妻を保護するシェルターのような駆け込み寺というものもありました。また、お茶や生花などの習い事教室や寺子屋などの学校も開かれ、寺は人々の暮らしと深く関わるようになっていったのです。檀家制度（寺請制度）ができたのも江戸時代のことでした。

ところが、明治維新後の新政府が発布した神仏分離令をきっかけに起こった廃仏毀釈《はいぶつきしゃく》運動によって、人々の暮らしと仏教が切り離されてしまうのですが、この際に死を「穢《けが》れ」として忌み嫌う神道ではなく、「教え」として受け入れる仏教側に死にまつわる葬儀などを分担したことが、今の時代にも引き継がれることになるのです。

元々江戸幕府が仏教を保護し、各地に寺を建立していった背景にはキリシタンの取り締まりや人を管理する目的もあったため、こうした弾圧に対する反発が廃仏毀釈運動へと繋がっていったこともありますが、富国強兵を推し進めようとする明治政府にとって、天皇を神とする神道を国教化するほうが「殺生《せっしょう》してはならない」と説く仏教より人々を統治しやすかったことは否めません。やがては「天皇や国のために国民が命をかけて当たり前」とする軍国主義へと進んでいくことになりますが、政府の思惑によって人々の日常が左右されるのは、今も昔も変わらない、というところだろうと思います。

ただ明治時代以降も、大抵の家には仏壇や位牌があって、毎日お供えものをして手を合わせたり、一緒に暮らす祖父母から亡くなった先祖や仏さんの話を聞かされたりすることで、仏教というものを身近に感じることができていたはずです。

しかしながら第二次世界大戦後の高度経済成長期において核家族化が進み、都会に出て暮らし始める人が多くなったことで人々の暮らしが大きく変わり、その関係性というものが更に縁遠いものとなってしまったのです。

核家族化が進む中で、仏壇のない家も増えてきましたし、地元から離れることで菩提寺（檀家になっている寺）との繋がりが疎遠になった人も多くなりました。日々の暮らしの中で、身近に仏教を感じる機会が少なくなるのも至極当然なことではないでしょうか。

昔は近所の人にも手伝ってもらって自宅で葬儀を出すというのはごくごく当たり前のことでした。今は隣近所との関係性が希薄になり、生活様式や風習というものが変わってしまった。更には、家の建て方、構造といった問題もあり、自宅で葬儀をするということがなくなって、今の子どもたちは、人が死ぬということを日常的に目にすることがなくなった。葬儀というのは死を見つめるための大切な時間を持つことができる絶好の機会なのですが、今の人たちはそれができなくなってしまっているのです。

もちろん大災害によって、大勢の人が目の前で死んでいくということを実際に経験した人も大勢いるとは思いますが、それはその地域に住んでいる人たちだけのもので、テレビから流れる映像を見ても実体験としてよく分からない。人の死というものがよく分からなくなっているのです。

以前ならどの家にも仏壇があり、葬儀や法事を家で行なったものですが、それもなくなってしまった。毎朝、一緒に暮らす祖父母が仏壇にお供えをするのを見たり、手伝ったりすることで知らず知らずにやり方を覚えていったものですが、今ではそれすら分からない人が多くなっているようです。戦後に生まれた70歳代前半以降の世代は親世代から、こうした身近な仏教の教えを引き継げなかったようにも思われます。

だから、今回のコロナ禍の葬儀のように「やれないなら、やらない」から「葬儀はやらなくていいもの」と簡単にシフトしてしまう。やり方自体は、時代に合わせて変えていけばいいし、自分たち流にアレンジして心のこもったやり方で送ってあげればいい。

それなのに、安直に法要を止めてしまえば、日本人らしい心の在り方や営みというものが失われてしまい、それは簡単には取り戻せず、また創り直すにしても相当な時間を要してしまうでしょう。だからこそ、そうした心は容易《たやす》く失くしてはならないものだと私は思うのです。

こうして考えると、鎮護国家のために輸入されてきた仏教の教えも、時代や情勢に翻弄《ほんろう》されながら変化し今の形が創られてきたことが分かります。もっと言えば、鎮護国家の礎《いしずえ》は、「まずは各家庭から」ということになるのではないでしょうか。

第二章　これからの時代の葬儀・法要を提案

「法要」とは亡くなった人を忘れ切らないための儀式

大家族で暮らしていた時代なら、祖母から自分が生まれる前に亡くなった祖父の話を聞かされるなんてことも多かったのではないかと思います。「お前のおじいちゃんはこんな人でね……」と教えてもらうことで、自分では知らなかった祖父のことを知るという機会もありました。

このように、亡くなった人のことを自分の子供や孫、または世の中に、（その人のいいところは特に）伝えていくことは大切なことだと思うのです。

しかし、核家族化が進む現在では、こういう機会があまりなくなっています。だから法要というものが重要なのだと、私は考えています。亡くなった人のことを忘れ切らずに思い出し、先祖との繋がりを感じるタイミングを自ら放棄するのは本当にもったいない。

「そういえば、親父はこういう人だったけど、その思いを汲み取って、俺はちゃんと生きているかな」

「お母さんはよく、もっと優しく生きなさい、と言ってくれていたなあ。亡くなった当時は、そんなふうに生きようと思っていたはずなのに、日々忙しい子育てと家事でバタバタしている間にそういう優しい気持ちを忘れていた……」

こんなふうに、法要とは亡くなった人を思い出し、自分にも楔《くさび》を打つ絶好の機会なのです。

そういう時に、亡くなった人を弔うためにお経を上げ、亡き方のことを思い出すために少しだけ法話を添えさせていただいています。どんな人だったかということを思い出し、感じてもらい、自分を見つめていただくこともまた私たち仏教者の大切な役目です。

私は以前、難病で2歳の誕生日を迎えてすぐに旅立ってしまった小さな女の子の葬儀を執り行なったことがありました。

自宅での葬儀でしたが、泣き続ける奥さんをご主人が何とか支えている、という状態の中、出棺の時に声が聞こえてきたのです。「ママに伝えて！　私はママの愛になるの!!」と。

このご家庭では、それ以降も毎回欠かさず法要を行なっていて、もうすでに七回忌を終え、下のお子さんも誕生していました。

下のお子さんが生まれた後の、この七回忌法要の後に、お母さんから「こんなこと聞いていいですか？」と話しかけられました。「この子がお腹に入る時に、亡くなった娘が私の元にやって来たんです。お腹に一緒に入るのが分かって『生まれ変わってくれるんだ……』って。ただ、生まれてきたのが男の子でしたが、やはり娘の生まれ変わりなのでしょうか？」と。

もちろん、性別が変わって生まれ変わってくることもあるので、その可能性はゼロではありません。ただ、私はその女の子が生まれ変わった、というよりは弟となる男の子をずっと女の子が守っていたのではないか、と感じたのです。

なぜなら、法要の際に、2歳くらいの男の子がずっと走り回って元気に遊んでいたのですが、私がお経を上げている間は、カーテンに顔を隠したり、出したりしながら静かにしてくれていたのです。それが私には、その女の子が一緒に遊んでくれているように感じられました。私の供養をしてくれているから、みんなの気が散らないようにこっちで一緒に遊ぼう……って、してくれていたのではないかと思えたのです。「生まれ変わりの可能性もゼロではないのですが、無事に産まれるまでずっと守ってきてくれたんじゃないかと思います。『私はこういう病気を持って生まれて、ずっと側にいられなかったから』と、産まれるまでをずっと中に入って一緒に守ってくれた。そういうことなんじゃないかと。私には、お姉さんが読経の間、弟さんと一緒に遊んでいるように感じられました。まだ、近くに一緒にいるんじゃないかと思いますが、お母様はいかがですか？」と、私は伝えました。

お母さんも「私も今日、娘が来たように感じました。最後まで安全に産まれるように見守ってくれていたんですね」と、とてもいい涙を流されていました。

いつもではないですが、このように感じさせてもらえるのは、私にとっても有難いことです。私を媒介にして何かを伝えようと感じさせられる時は、必要だと思う人には伝えるようにしています。

亡くなった人の思いというものを遺された人たちが汲み取ろうとすることで、生かされている自らの命の大切さを知ることにも繋がります。

葬儀は見栄体裁ではなく死を悼む、弔うという気持ちで

葬儀とは「葬送儀礼」の略で、葬送儀式の略が葬式です。それを丁寧に言い換えたのが「ご葬儀」「お葬式」ということになります。

人が亡くなると最初に営まれる儀式が葬儀であることは皆さんご周知のことと思いますがさてこの葬儀、亡くなってから何日以内に行なわなければならないでしょうか？

実はそれには決まりはありません。しかしながら死後の遺体は何の手立てもしなければ傷んで腐敗し、骨が残るだけになります。それでも放っておけば、風化し、ボロボロになり、やがては土に還ります。

ただし、そこまで放っておくことが現代の日本という所で可能かと言えば、全くもって不可能ではないかと思います。野垂《のた》れ死ぬという表現がこの「葬儀」の話に不似合

いなのは分かっておりながらも話を続けます。

現代では病院で亡くなる場合が多く、その死亡確認が行なわれるとすぐに、ご遺体の管理は病院からご遺族（家族）に移ります。そして病院からは「○時間以内（長くとも24時間以内）にお引取りをお願いします」との申し伝えを受けます。

そこでご家族は葬儀というものに実際に手を掛けることとなり、ご遺体となった故人様を病院から出して運ばねばならないという現実を突き付けられます。

長く患っていたりお年を召されていたりと、ある程度ご家族に覚悟や準備の時間がある場合にはまだいいのですが、突然の出来事で病院に運ばれて数日、中には数時間で亡くなったというような状況の場合、気が動転していたり、頭が混乱した状態で、病院からの申し伝えを聞くことになります。

この時、家族の意思や故人の遺志でその後のことを考えてある場合以外、ほとんどの方が「どうしたらいいのだろう」となることが予想されます。

元気な人や若い人は、自分のことや周りのことを〝死なない〟と信じ込んでいますが、人は生まれたなら必ず「死」を迎えるのです。その「死」が近くなってようやく自分の「死」の際のことをやおら考え出す。みんな自分や家族の「死」のことを考えない、いや考えたくないのです。

だから終活が流行るのですね。いざ、というところまで来てからようやく考える。でもそれは日本という国だからでしょう。

これが自然に近い生活をしている国や部族であったり、身近に常に戦争や武力衝突のある国々では、常に「死」と隣り合わせで幼い命さえ生活しているのです。日本人が平和ボケしてしまったと言われても致し方ないと思うのは私だけではないでしょう。

「人生50年」の時代がたった１００年前までの日本でした。そう、大正時代の日本人の平均寿命は50歳に至りません。わずか１００年で日本人の平均寿命は35年以上伸びてしまったのです。１００年前の日本。それは戦争もありながら生きていた時代。こんなに便利でもなければ、こんなに周りの人の「死」を気にしない国でもありませんでした。

それが今はどうでしょうか。隣の人が死んでいても気づかない、そんな状態になってはいませんか？

文字や情報で人を殺せる時代真っ只中で、人の「死」に対して、軽々に〝燃せば終わり〟というような状況に至ってはいないでしょうか？

さて、身近なこととなって初めて気づく「死」という現象。そしてその後に起こる葬儀までの顛末《てんまつ》。どうしたって考えておかなくては急なことにも対処できません。

その中においても、絶対に「しなければならないこと」と「故人・遺族の思いや希望でされること」の区別を付けておかないと、葬儀自体が業者主体の金儲けに取って代わられてしまいます。

人の死を悼《いた》む、弔うといった儀式としてよりも、故人や遺族そっちのけで人にどう見られるか、どう思われるかという見栄体裁が先んじているのではないかと思われる時代が、戦後の高度経済成長期からバブル期まで続いてきました。

その流れは、儀式としてよりも演出過多、おもてなし過多の見せるための葬儀へと偏重していきます。

故人、また遺族が本当にそう望んでいなくとも〝みんながこうされます〟〝一般的にはそうされます〟という言葉に惑わされ、〝うちもそうしないと〟と思い込まされてしまい、本当はどうしたかったのかを考えることなく業者からの提案をただただ受け容れる葬儀ができ上がります。

でも本当にそれでいいのでしょうか？

葬儀は大切な人の死を悼み、悲しみや辛さと共にその大切な人の死とどう向き合い受け容れ、感謝に変えていくかに関わる大切な機会です。

先にも申し上げた通り、葬儀は亡くなって何日以内に行わなければならないという決まりはないのです。

頭が混乱している中で〝最速で最高〟は考えづらいかもしれませんが、「ゆっくりと最善」なら考えることができるのではないでしょうか。

そのためなら、火葬を先にしてゆっくり葬儀は後にする、命を、人の「死」を大切に考え扱っていた時代の「密葬、本葬」という考え方も今の時代、再考の余地があるのかもしれません。

急ぐことや間引くこと、簡素化などが持《も》て囃《はや》される時代でもあります。確かに時間は有限ですが、大切な人の最期の時をどんな形で共に過ごし、どんな形でけじめをつけ、どんな形でその後の人生を感謝で生きるのかを考えられる時間に充てることをゆっくりしてはいけないものでしょうか？

遺体はしっかりしたケアさえしていただければ、ドライアイスの処置と部屋の温度管理で１週間程度はほとんど傷まずその日を迎えることは可能な時代です（時に最盛期の夏に関しては、棺に納める「納棺」を先んじて行なうこともできます）。

〝急いては事を仕損じる〟とならないためにも、亡くなった後の時間は特にゆっくりと考えを整理する時間を取っていただくと、葬儀が本当はどんなもので、人の死がとても悲しくも有難いものだと感じることができるのではないでしょうか。

　この時間の余裕が、葬儀を共に創る人と人とが織りなす儀式として、そして故人や遺族、お坊さん、葬儀担当者、会葬者、故人・遺族と今までに関わってくれた人全てに感謝を奉じる機会として、人の命の大切さ、その人から受け継ぐべき素晴らしきこと、反面教師としたい欠けたところ、命が有限だからこそ気づかせていただける全てが葬儀には詰まっているのです。

　どうか形にこだわらず、「葬儀は自分で創る」にこだわって、葬儀という儀礼を考えていただきたいと思うものです。

「葬儀」には決まった形は存在しない

さて、人が亡くなった際の最初の法要は、葬儀。その後は初七日（※四十九日忌までの間に七日ごとの供養の機会はあるが、現代において法要は省略されることが多く、行なわれることのほうが稀）、四十九日忌、一周忌、三回忌、七回忌、十三回忌、三十三回忌などありますが、確かに葬儀から三回忌までは毎年やってくるので、とても気忙《きぜわ》しく感じるかもしれません。三回忌となる2年目以降は4年、6年と空く……というところもありますが、これはあくまでも仏教側から示しているだけなので、毎年やってもいいですし、もちろん毎日でも構わないのです（まぁ、現代の生活様式においては、物理的に無理だとは思いますが）。

この「法要」、儀式として一番初めに執り行うのが葬儀ということです。

葬儀には本来「こうしなければならない」という決まった形はありません。葬儀社に全て任せてしまう、という人が増えていますが、故人や遺族が満足できる葬儀が営まれていないことが多いのが実情であることもしばしば耳にします。望まないものを葬儀社の勝手な都合で、どこで調べて来たか分からないナレーションを入れられて、決められた式次第の通りに、決められた時間通りに進行する葬儀が当たり前、ではないのです。

仏教には戒律というものがありますが、これはやってはいけない決まり事を示しています。戒《かい》とは、自発的に良いことをする、やってはいけないということに関わらないようにすること。そして律《りつ》とは、法律のように、やってはいけないことが定められていて、それを破ると罰せられるというもの。

つまり、仏教においてはやってはいけないことはあっても、しなければならない、must（マスト）というものはありません。

だから葬儀も、周りに迷惑をかけなければ、自分のやりたいようにやっていいんです。

たとえばテーブルだけを借りて、置きたいものたちをドンドンと置いて、自分たちで祭壇を作ってもいいのです。亡くなった人が好きだった花を街で買ってきてたくさん飾るのもいいですし、ひまわりが好きだったというのなら、春先でひまわりが手に入らないから黄色のチューリップを使ってひまわりの花の形を作ってもいい。亡くなった人を思いながら作った祭壇なら気持ちが込められていますし、金額だって抑えることができるものです。葬儀社が儲けるためだけの葬儀に、お金をかける必要はないのです。

葬儀社の「葬儀はこうしなくてはならない」という言葉を信用する必要はありません。仏教の教えというのは、自分が人生を歩いていく時の灯明のようなもので、それを道標《みちしるべ》にして歩いていくもの。良き教えとして側に置いておくことで、自分の生き方がブレることなく前へと進んでいけるように支えてくれるものでもあります。

それを「寺の住職にこうしなくてはいけない、と言われたからやらないと……。家督が潰れてしまうって言うんだよ」「葬儀社の人に『普通はみんなこうされますね』、と言われたので、それでお願いしたら葬儀費用が高額になって困った」「ネットにそう書いてあったし、マナーの専門家がこうすべきだとテレビで言っていたから……」と言われるまま、得た知識のような言葉のままに葬儀をする人が少なくない。今まで日本の仏教や葬儀業界は、そのような誘導をずっとしてきたのです。けれど、こうすべきものです、こうしないと先祖に失礼にあたります、こうするのが最善です……それを決めるのは遺族であって、葬儀社や仏教者、ネットやテレビで解説している専門家ではない、と私はいつも思います。

葬儀を営もうとする人が「こうしよう」と、そこに集まっている人（親子、兄弟姉妹、親族等）たちと一緒に、本気で考え決めればいいのです。ここ最近は新型コロナウイルスの影響で、三密を避けるために本当に身近な人だけで葬儀を済ませることが多くなりましたが、その場合は「今回コロナのせいで集まれないから、皆さんにお声がけしなかったけど、身内だけで執り行いました」と通知だけ出すとかでも構わないと思います。そして気持ちがあれば、どこかのタイミングで声を掛けて、葬儀に替わるお別れ会のようなものとか、来たる年忌の際などの機会を使って、故人を忘れ切らないための集まりを開けばいいのです。

しかし、準備するのが面倒くさい、作り方が分からないなどの理由で皆さんが葬儀や法要をやらなくなった時点で、人間的営みがどこかへいってしまいます。それはものすごーくもったいないこと。多くの人が「自分で考えますよ、自分でやりますよ」と言わなくなっているので尚更です。大切な人が一期の命を終えた二度とない機会なのに、なぜ自分で考えることを遺族が煩わしく思うのでしょうか。「こうやって送ってあげたい」のひと言でも、葬儀社の方に、お坊さんに、伝えてみてはいかがでしょうか？　それを、「ウチの寺の決まりだから」「ウチにはそんなプランはないのでできない」「そんなことは一般的でない」などと一蹴する方々なら、共に同じ時代を生きながら一緒に考えてくれる思いが無いと、もしくは、そういった能力を持ち合わせていないのだと、諦めて他を探しましょう。そのお手伝いなら、私をはじめ「おぼうさんどっとこむ」のスタッフ、お坊さんが、共に悩み、共に探し、共に歩みと、させていただきますので。

ところで、昔は「死＝穢《けが》れ、気が枯れる」と、考えられていました。だから、触らないほうがいい、葬儀は葬儀社にお願いするほうがいい…になっていったのでしょうが、今どきは穢れなど気にする人はほとんどいませんし、「死」は穢れではなく、産まれ生きた命に必ず来る「一期の命の最期」だと誰もが分かっていることでしょう。

その中にあって、葬儀社にお願いするという「どうしたらいいか分からない＝分からないからお願いしたほうがいい」から…という考え方にすり替わって、その流れだけが残ってしまっているのです。そして「みんなこうやっているから、そうしなければならない」という葬儀が、当たり前のようにでき上がってしまっているのです。

「葬儀」は時代に合わせて変化する

葬儀もまた、時代に合わせて変化していくものです。バブル期にはドライアイスを用いた派手な演出の葬儀、ホテルの一流料理のおもてなし、なんていうものもありましたが、バブル崩壊後からそういったものは少なくなり始め、平成の年を追うごとに「家族葬」という小規模な葬儀をよく耳にするようになりました。

それが令和になると、火葬をするだけの「直葬」というスタイルが増え始め、新型コロナウイルスの影響もあり、こうしたスタイルの葬儀の増加に拍車がかかってきているのです、と言える状況を呈しています。しかしある意味、これは仕方がない部分もあるのです。

それは、少子高齢化時代に入って、葬儀の担い手である子どもが少なくなっているからです。

少し前までは、どの家でも子どもが多く、亡くなった人を送るために、兄弟姉妹が少しずつお金を出し合って、親戚や友人などを集めたある程度大きな規模の葬儀を行なっていました。

それが少子高齢化時代になると、一人っ子や二人きょうだいなどが多くなっているので、葬儀に出せるお金が限られてくるだけでなく、資産的にも医療や介護に費用がかかってしまった後、葬儀に使うお金が残っていない、というケースも増えているようです。こうした事情から、葬儀は火葬だけで、となってしまってもしょうがないところもあるのです。

しかし、葬儀の費用は予算に合わせて調整をしていけばいいし、葬儀社の言い値のような金額を鵜呑みにすることはないのです。

また、そういう方の準備には、保障という形の保険での準備をお勧めすることが最適に思われる時代ともなって来ました。

葬儀費用を自分で定めて、その保障金額内での葬儀を行なって欲しいという、家族内信託のように生前から考えて、取り決めておくこともありなのではないかと思います。

だからと言って、遺族として遺された方々が、その保障額いっぱいいっぱいの葬儀を行なう必要があるわけでなく、状況に応じて、その保障内でできる葬儀を、心を込めて行なえばいい。私はそのためにも、いろんな形での備えや事前の相談もしておいた方がいいのではとお伝えしています。なぜなら、死は穢れではなく、大切な人が、その命を全《まっと》うした最期を見送る機会だからです。

更に、葬儀の費用について相談を受けた時には、私は「ここまでなら出せる、という金額を最初に伝えておいてください」と、話しています。それで「できない」という葬儀社はいないでしょうし、できないというのは能力がない葬儀社、ということなので他を探せばいいだけです。

しかし過去に、「おぼうさんどっとこむ」が明示する「葬儀の読経料金」でお葬式の全てが賄えると考えて連絡をしてきた方がいました。それはご遺体の搬送と棺の用意、火葬だけをするのにかかる費用よりも低く、どんなのでも安けりゃいいと考えてのことだったようで、最低限かかる費用というのを知っておく必要がお客様側にもあると思います。火葬場の火葬に掛かる費用、お骨を納める骨壺の費用、ご遺体の搬送費用、ご安置の諸経費、ご遺体保護のためのドライアイスの処置費用、棺にご遺体を納めないと火葬もさせてもらえない現実。

生活保護世帯に対して、各自治体が火葬にかかる費用を助成していますが、その総額で20万円前後。実はこの金額では、東京都心に住まわれる方に対しては、火葬式すら提案できない葬儀社の方が多いでしょう。それ以下の金額で火葬式、直葬として費用明示しているところは、火葬時に掛かる火葬の費用や棺の用意、骨壺、ご自宅や火葬場以外の安置場所から火葬場に移動する際の霊柩車の費用は含まれていなかったりするので注意が必要です。彼らが表示しているのは、その葬儀社への支払い費用であって、その葬儀、火葬式、直葬に掛かる【総額】ではないのです。

〝本当はやってあげたいんですけど、これしかお金がなくて……〟

「それなら、故人が好きだったお花をたくさん買ってきてください。こちらで花瓶を貸しますから。そこにいっぱい差して、祭壇の飾り付けにしましょう」

とか気軽に相談にのってくれる葬儀社だといいのですが、大抵は利益優先、儲けようと考えるところが多いのも事実です。

「いや、ウチはこういう決まりですから。セットに全部含まれています」と、本当は要らないものも全部頼まされていることもあるのです。

その点、私ども「おぼうさんどっとこむ」で提案するお葬式のプランは、本当に必要なものだけをシンプルなセットにして、それだけでもできるし、お客様が「してあげたい」を積み増す形で創り出すこともできるようにプラン設計しています。

葬儀社で営まれる葬儀の祭壇は使い回しされていることも……

実は、葬儀社が葬儀の際に祭壇周りで使っている供花《きょうか》は、使い回しされていることがあるのです。「グーチョキパー法則」というらしいのですが、祭壇の一番奥にある花は、ほぼほぼ降ろしてこないから、つぼみのものを用いるのです。そして、段々と開いたものを手前に降ろしてきて飾り付けて、３回くらい使い回すのです。大手の互助会などは、大抵はこうした仕組みで利益を積み増ししたりしているのです。

実際、葬儀の儀式が終わり、着替えに戻ろうとした私が見た光景は、祭壇の前に幕を下ろし、供花の入れ替えをしている数人の葬儀社スタッフの姿でした。私と目が合うや否や、睨みを利かせ、その開いている扉を焦ってバタンと閉め、中を見せないようにしました。こんなことを自社式場で行なっている互助会葬儀社をいくつか目にしてきました。

花だけでなく、ほとんどの備品が使い回しなので、葬儀社の利益率は１００％、またはそれ以上の収益をあげていることもあるのです。

昔は白木の祭壇が使われていましたから、利益率は１２０％、１５０％になっていたかもしれません。葬儀費用の明細に「祭壇費用」と書かれていても、基本的には「祭壇の使用料」ということで、こうして考えると、高い使用料を支払わされている、ということが分かるかと思います。今は、ここまで酷くはありませんが、そういう時代もあったワケです。

最後のお見送りで、祭壇のお花を棺の中に入れることはよくありますが、祭壇の全ての花を入れるわけではないこともあります。冷静に考えると、街の花屋さんで買って来て祭壇に飾り付けたとして、どちらが安上がりか……「こうやったらどうかな、お母さん喜ぶかな」と、みんなで故人のことを話しながら、思いを込めて祭壇を作ればいいのです。けれど、面倒だから、手間がかかるからなどの理由で葬儀社に任せてしまっている。だから、高い費用になってしまうのです。

私も葬儀のビジネスをさせていただいているので、葬儀社のシステムの全部が悪いとは考えてはいません。けれど、お金がないから葬儀は火葬だけ……と考える前に、自分たちでも少しは努力をしないとダメだ、ということを分かっていただきたいのです。一生懸命相談をして、一緒に考えることをしていただきたい。それを「面倒くさい」と丸投げするから、費用はどうしても高くなってしまう。

煩わしいことかもしれませんが、ご自宅で執り行なえるならば、できることは自分でやればいい。本当に専門外だから分からない、という所だけは任せて、祭壇の飾り付けなどはみんなでするのが一番だと、私は思います。

しかし、故人の遺族が子ども一人だけで、親戚や近所づきあいもほとんどなく、葬儀の手伝いを頼むことができないということも、今は決して少なくありません。そういう遺族が一人で祭壇を飾ったり、準備をしたりするというのは少し難しい。こうした場合は、葬儀社と事前にしっかりと交渉をすることが大切です。

こうした葬儀社のやりとりの際に、私たちが前に立って本当はそういう調整ができればいいのですが、僧侶や他者（他社）が交渉に出てくると葬儀社が困惑して話がスムーズに進まないこともあります。そのため、相談を受けた際は電話などでアドバイスすることもしております。もちろん、同席で葬儀社と交渉してほしいと頼まれれば、出向いて対応させてもいただきます。

「ああやってみてください、こうやってみてください。そうしたら１００万円もかからないですから」

「要らないものは、とことん断ってください」

「このプランに『搬送のみ』ってありますから、これだけやってもらって後はゆっくり考えてから、他の葬儀社さんも検討してみましょう」

　私たちが出向かずとも、肝となる点を（先述は一例ですが）挙げながら、こうして細かく交渉していけば、費用は必ず下がってきます（もちろん、やってあげたいことがたくさんあれば費用が上がることは当然あります）。その上で、本当に必要なものかどうかを、一つずつ判断していくことです。面倒くさがらずに、故人様へ最後のご恩返しの意味でも、「してあげたい」がしっかりできるように、「それはしたくない」は断れるように。

更に言えば、大切な人が亡くなった後は、気持ちも整理できないまま、葬儀社と打ち合わせをすることがほとんどです。そのため、相談する人がおらず一人で決めなければならない時は、葬儀社に言われるままプランを決めてしまう、ということになりがちです。

本当にこれでいいのだろうか、費用が高すぎるのではないだろうか、と疑問に感じたとしても「皆さんそうしてるから」と葬儀社の担当者に言われて、時間がない、と押し切られて決めてしまったという人もいるのではないでしょうか。もちろん、やりたい人はやっていますが、皆さんがやっている、というわけではありません。そもそも、葬儀を慌ててやる必要はないので、ゆっくり落ち着いてから、しっかりと決めて葬儀をすればいいのです。

焦らされる必要もなければ、焦らせる葬儀社に依頼してしまったなら、焦らせる理由をきちんと説明してもらいましょう。「ご遺体が腐ってしまうから」「火葬場が取れなくなりますよ」「早くやってあげないと可哀想」等、これらの説明しかしてこないなら、こちらからの返答のしかたをお教えして、ご遺族側の行ないたい葬儀ができるように、もしくは断り方についてもアドバイスいたします。

時間をかけることでお互いに納得できるお別れができる

私の父は彼岸の入りに亡くなったので、彼岸明けまで自宅にいてもらうことにしました。葬儀社も知り合いだったため「部屋さえ涼しくしておけば、ドライアイスで1週間くらいは保てますから」と。その姿をずっと見ていたので「今、焦らせる葬儀屋の話なんて、聞かなくていいですよ」と話しています。

父の死に様を見て私が感じたのは、人は簡単には死ねないものなんだな、ということです。

父は末期の癌で入院していましたが、もう先が長くない、という時に「補聴器が壊れているから、買い直してきてくれ」と言い出し、家族は混乱しました。

聴覚障がい者だった父は、片方の耳は補聴器を装着しないと全く音が聞こえない人でしたが、その補聴器は耳が壊れるのではないか、と感じるほどの大音量に設定されていたにもかかわらず聞こえないというのです。

私がどうしてそうなるのだろう、と思っていたところに緩和ケアを担当してくれていた先生がきて「林さんの脳はエベレストの山頂より高い所に上がっている状態と一緒なので、意識が消えたり繋がったりしているのですよ」とおっしゃる。

そういう状態だったので、一般病棟から緩和病棟へ移そうか、と話し合っている最中に病状が急激に悪化して、そこから1週間ほどで亡くなってしまいました。

最期はベッドに寝ているはずなのに、何だか溺れているみたいで、三日三晩、母と妹、私の順番で変わるがわる付き添っていました。父本人は痛み止めのモルヒネで苦しいという感覚はなかったのかもしれませんが、ただ見ているだけでも辛かったのを今でも覚えています。ちょうど「おぼうさんどっとこむ」の売り上げが伸び悩んでいて、こうしてやってきたことが間違いだったのではないか、と思い始めていた頃でした。

溺れているようにも見えた父はモルヒネを入れると1時間くらいで静かになったの

ですが、脈が段々と微弱になってもいきました。でも、また回復してきて、この状態が2時間ほど続いたのです。そんな父の最期の頑張りを見ていると「お前が決めたこと諦めるんじゃないぞ！」と言われているようで、自分の命をかけて最後に伝えてくれているのではないか、と……辞めたらだめだ、と奮起する力を父にもらったように思います。

ただ、父は生きようとしていたのに、私が殺してしまったのかな、とも思えて罪悪感に苛まれもしました。「親父勘弁な、でも見てられねえよ」と。

そんな複雑な思いの中、父が息を引き取った直後に、妹の知り合いから連絡が入りました。その人はスピリチュアルな力を持っているということでしたが「今私のところにお父さんが来て、ありがとうって言っているから、自分を責めないでね。できることやってもらって、本当にありがたかったよと、そう娘に伝えてくれ、って言ってるから」というのです。「お兄ちゃん、お父さんがすごく喜んでいるみたいだから。私たちも泣かないでおこう」と。

それから葬儀を出すまで、父を1週間ほど自宅で安置していました。お別れの期間が長かったので、私は東京で仕事してまた戻る、というのをずっと繰り返しながら、実家に戻ると父の枕元に座って「今日こんなことがあってね」「何で死んじまったんだよ」「もう飲めなくなったなぁ」なんて言いながら、脱脂綿を水で湿らせたので口を拭いてあげたり、時にはもう一緒に呑めなくなったお酒を、私は呑みつつ、父には脱脂綿に湿らせて口元に運んで飲ませてあげてるつもりになって……などしながら、そんな濃密なお別れの1週間の時を過ごしました。

その後、葬儀を行なったのですが「最期のお別れです」と棺の蓋を閉めた瞬間のことです。「じゃあ、行ってくるから！」という父の声が聞こえてきて、思わず私は笑ってしまったのです。その横で私の息子が「気持ち悪ぃ……じいちゃん死んでるのに気持ち悪ぃ……」と後ずさり。「だって、行ってくるから！　って言ってるんだぜ」と私。息子には、いや、周りには誰一人聞こえていない声だったようですが、父は逝ったなと思えました。最後は、父も心細くならず、私も思い残すところがなくお別れができたので、有意義な時間を過ごすことができたと思っています。

こうした私自身の実体験からも、葬儀社に言われるまま、翌日に通夜、そして告別式……と慌ててすることはないと伝えています。ゆっくりとお別れのための時間を作って、その間にどうやって見送るか、を考えればいいのです。

事故や流行病などは早急に処置の必要があると思いますが、1週間程度であれば遺体はそれほど傷むことはありませんし、お別れの時間を十分に持てば、自分自身が納得して見送ることもできます。葬儀社に焦らされてやりたくもない葬儀をしなければならない、という事態も回避することができます。都心はほぼ予約が取れないので、1週間くらい葬儀を待たされることはザラにありますが、田舎の人は「すぐやらないと」と、焦らされてワーっとやっているうちに高額な費用を請求された、ということも多くあるようです。

「ほとんど皆さん、こうやっています」と言われると、日本人はこんな風にみんなやらなきゃいけないのかな……と考えさせられるように洗脳されてしまっている。

こうしたよろしくない風潮が、ずっとまかり通って来たわけですが、最近は少しずつ分かり始めた人が出て来ています。

スピリチュアルの関係性を認識するような人たちや理解のある人たちが「そんなこと言われていないし、やれとも言われていない。家族からも言われてないよ」と、堂々と言ってくれるようになって来たのです。家族の中にそういう人が一人でもいれば、状況は一変します。そうすれば、慌てて葬儀をするのではなく、自分たちがどうしようかって考える時間が持てるようになります。

亡くなったお父さんだったらどういうふうに思うのか、お母さんだったらどういうふうに思うのか、子供が先に亡くなった場合は、あの子だったらどうされたいと思うのか……葬儀を出す側が亡くなった人のことを思いながら、しっかり見送り方を考えたほうがいい。そのためにも時間は必要で、葬儀社からの「普通ならこうしますから」という言葉などは聞いている場合ではない。葬儀に普通はないのですから。

したくないことをされて、100万も200万もお金を払わされるなんて、誰も望んではいません。高額な費用をかけるのであれば尚更に、故人や遺族が望み、納得のできる葬儀を作っていくべきです。

「家族葬」だから費用が安いとは限らない

多くの人を呼んで葬儀を執り行なうか、身内だけで家族葬にするか……それは、どのような葬儀を故人や遺族が望んでいるかによって決めればいいことです。

著名人の場合、以前なら青山葬儀所で２０００万円規模の葬儀が行なわれることも多かったのですが、俳優の渥美清さんのご遺族が「家族だけで見送りたい」と家族葬を行なったことから、それを知った人たちが「あの寅さんが家族葬なら、うちもそうしよう」と家族葬が増え、葬儀にかける費用が一気に下がっていきました。

もちろん、近親者だけが集まって静かに送る家族葬もいいのですが、費用面で考えると、多くの人を呼んで葬儀をするほうが、金銭的な負担は少なくなることもあるのです。

最近は後日の香典返しなどが面倒なので、香典を辞退しているケースもありますが、香典を受け取る際には、必ず半額を返さなければいけない、というわけではありません。今は当日返しが一般的になってきてもいますが、高額の香典をもらった際には、後からきちんとお返しを考えたほうがいいこともあります。しかし、基本的には気持ちでお渡しするものなので「お返しなんて考えなくていい」という人も多くおられます。こうした「当然感」で「しないと失礼ですよ」という不安をあおってさせられるような返礼の慣習というものも止めてしまえばいい、と私は思います。

気持ちがある人が最後の別れに来るのに、おもてなし優先、最初からいくら返すのがあって当然で営まれる葬儀は、私には違和感でしかありません。お香典には葬儀扶助の一面があるのに、はなから「お返し」「おもてなし」のような見返りがある香典というのはおかしい。華美に飾り付けるお葬式やおもてなしありきのご葬儀など、完全に現代にマッチしないもの、と私は考えますがいかがですか？

また、家族葬にしたから……といって、葬儀の費用が安く済むとは言い切れないのです。

ある家族葬では、家族6人で故人を送ったのですが、葬儀代が５００万円も掛かってしまったというケースもあったと、ある葬儀社の方から聞かされました。資産に余裕があって、高額な葬儀をしたいのならいいのですが、このケースでは費用を借金して支払った、というのです。

たとえば、お父さんから「俺の葬式に使ってくれ」と３００万円を貯金で預かっていたとして、いざその時がきたとします。この３００万円で葬儀をやらなければならないのか、というと、そうではないと私は思います。お父さんは「葬式に使ってくれ」と言っていたけれど１００万円だけ葬儀に使う、でもいいですし、自分のお金を足して３００万円以上の葬儀をしてもいい。ただ、借金をしてまでの葬儀をやる必要はないと私は思います。どうしてあげたいのか、どのくらいのお金をかけることができるのか、その範囲の中でどんな葬儀をやっていくべきかということを、各々が考えていくことが大切なのです。

葬儀にお金がかけられないのなら、その後の法要やお盆の供養など、故人様を思い出し、気持ちを向ける機会というのを積極的に作っていけばいい。親や先祖と繋がっていく、この法要や供養の機会というのを大切にしていくことによって、そこで自分の中に繋がりを感じられるタイミングが与えられるのだと思います。

私の元には、遺される遺族のために事前に相談にくる人もいます。「息子たちにはこれで分かるようにしてあるので、あと全部お任せしますね」と。

このように少子化、核家族化が進む昨今においては、親御さんのほうが自分の死後にまで気を遣い「子どもたちに迷惑かけたくないから、自分たちで準備するんです」と、おしまいの活動「終活」を始める人が多くなっています。

しかし、今まで迷惑をかけられてきた親が、どうして死ぬ時まで迷惑をかけないようにしようとするのか。少子高齢化が進む中で「お母さん、そういうことはちゃんと言っておいて」「親父、そういうことは自分で準備して亡くなってくれよな」と、子どもの言いつけを守って死んでいくというのは、どうなのだろうかと、そうした話を聞くたびに疑問を感じてしまいます。

最後まで私たちの面倒を見て、大変な思いをさせてしまった、という親御さんの立場ならまだ理解はできます。でも、親は子どもが生まれてからずっと大切に子どもを育て、そして成人してからも子どものことを思って生きてきたことでしょう。だから、最後の最後くらい「あんたたちの好きにやってちょうだい。でも、ここはこうしてちょうだい」という少しのわがままが親のほうにあってもいいのではないか、と私は思います。

「戒名」とは

葬儀のやり方は、決まりがないので自分たちで考えて作っていけばいいのですが、いくつか外せないポイントというものもあります。その一つが「戒名」を付けることです。

戒名とは、人が亡くなって仏様の弟子になった証のために付けるものですが、戒名の長い、短いで行った先で何かが決まるわけではありません。仏の世界はみんな平等なので、上下があるわけがないのです。

ところが、戒名が長いほうがいい、と考える人がいるのも事実です。ある時、15文字の長い戒名を持ってきた人がいて「生前親父がもらった戒名なので、これを使ってください」と。どう見ても、文字の意味をしっかり考えているようにも見えませんでしたし、基本的な構成も違っている。亡くなった本人か、遺族が考えたものではないか、とも思いました。「あまり自分でいじらないほうがいいですよ。院まで入れて5文字の院号はあまり付けませんから、まずそこは気をつけてもらったほうがいい。こういう特別な院号は、それを付けるだけの功績を残した人に寺側から謝意と敬意を込めて諡《おくりな》されるものなので、もしそうでなければ、こういうのを付けると後で笑われることになりますよ」と説明して、直せるところは直して戒名とすることにしたこともあります。

実際、戒名について分かっていない人は多いと思います。

今では一般的に戒名は、基本、「道号」＋「戒名」＋「位号」で構成されていて、宗派によって構成が異なり、決まった付け方があります。

「戒名」は、大抵六文字くらいからで形成されていますが、浄土真宗では「位号」ではなく、お釈迦さんの弟子、つまり仏弟子になるという意味の「法名」が用いられます。この「法名」はお釈迦さまの「釈」を法名の上に付けます。

私が戒名を付ける際には、なるべく故人の名前から一文字を取って入れてあげようと考えます。故人の人柄も考慮しながら、文字と文字の音便がぶつからないようにしたり、その人の生き様を表すような言葉を仏教の経典の中から抜粋して文字を選んだり、いろいろな思いを込めて決めています。

そのため、戒名を付ける時には「お父様はどんなご性格でしたか？　ご趣味は？　お仕事は？　生まれた地域や幼少期から成人されるまでのエピソードは？　お父様からどんなことを教えられて、どんなふうに生きてきましたか？」などと、遺族に確認したり、周りの人に話を聞いたりします。

あくまで私の場合、一例として、名前から「真」という文字を用いる際に、位号が信士の場合、信《しん》という文字の読みが重なってしまうということが起こります。そこで、真信《しんしん》というように読みが重ならないように、文字の配置を変えたり、別の文字を人柄から考えて選んだりして、なるべく故人にふさわしい戒名となるように考えています。

また、東日本大震災後、「絆」という言葉がキーワードのようによく使われていたこともあり、多くの人から「絆の文字を入れてほしい」という要望がありました。

しかし「絆」という文字は、牛や馬が放たれないようにする足かせのことで、人の心や行動をがんじがらめに締めつけておく、束縛をするという意味なのです。

いい意味で捉えることもできますが、本来の意味は足かせや束縛のことなので戒名として用いる文字としてはあまり適していない。それならば「和《なごむ》」や「睦《むつみ》」といった文字を考えて勧めるようにしたりしています。このように希望される文字も、戒名をお授けした先、長い間にわたり、呼ばれ読まれるものなので、そういったことも踏まえて総合的な意味を考えて、戒名はしっかり配慮した上でお付けするようにしています。

戒名には格式、というか等級と言われるものがあるのですが、元々「院号」という高い等級とされる戒名は、本当にお寺のために貢献してくれた人や地域のためになった人にお寺のほうから感謝の意味を込めて付けられるものでした。

聞いた話によれば、いつだったかあるお寺に、それなりのお金を持ってきて「これで院号の戒名を付けてくれ」と言ってきた人がいたようなのです。本来、そんなことはできるはずもないので、そのお寺の住職は、最初は頑《かたく》なに断っていた。けれど、その人はなかなか引き下がらなかったので、住職が「３００万円を持って来たら付けてやろう」と言ったのです。もちろんこの住職はお金が欲しかったからではなく、このくらいの金額を言っておけば、さすがに相手も引き下がるだろうと考えたわけです。そうしたらその人は、本当に３００万の大金を持って寺にやって来たというのです。これには住職も面喰い、根負けし、このお金を有難く寺への寄進としてもらい受け、寺に貢献をしてくれたということで「院号」を付けた、ということがあったそうなのです。

この話が広まると、次第に「こうやったらお金を持ってきてもらえて、寺の運営は楽になる」と。時はバブル期の日本。世の中にお金持ちが増えると共に、戒名といわれるステータス的な仏教商品へもお金を注ぎ込む人が続出。戒名を戴く費用は青天井の状態でどんどん値がつり上がり、いつしか「戒名」は高額なものと誤認されるようになったのです。

　戒名を付けたり法要を行なったりする僧侶やお寺に対しては、お礼としての「お布施」が渡されますが、お布施には本来は決まった金額はありません。ところが、こうしたお布施に金額を設定し始める所が出て来て、この話を聞きつけた悪徳葬儀社が、今度これをお金儲けに利用するようになったのです。葬儀の際に寺や僧侶を紹介して、多額の手数料を稼ぐ葬儀社もあり、またその手数料が帳簿外で取引されていることも多く、国税局の査察や税務署からの指導による追徴が課されたという話が、たびたび新聞紙面やテレビでも報道され、宗教法人を隠れ蓑にして、多額の闇取引の実態が明るみに出ることが何度となくありました。

　ところで、戒名とは本来、僧侶が受戒する自分の弟子に、僧侶になるためのふるまいや生き方を示し、その願いや祈りを込めて授ける名前だったものが、なぜだか「死後に仏様の弟子になる証として付けてもらう名前」にすり替わってしまったのです。寺長いのがいいとか、高いお金を払って付けてもらう、というものではないのです。寺とそこに巣食う組織を儲けさせるための高額な戒名なら、なくてもいいのではないかと私は思っています。

「戒名が付いていないと成仏できない」などと嘯《うそぶ》く人たちは、「仏教」や「戒名」の本質を理解せず、それ（戒名）があることの意味をも卑しめる、ただの金儲けの道具の一つとしてしか見ていない証左だと思ってしまいます。

成仏は戒名の有無で推し量るものではなく、「戒名を付けて、私が読経すれば成仏させられる」という類のものでもない。その時点で仏を冒涜《ぼうとく》している。

あくまで戒名は、受戒して授かり、規範となる戒律を側において、自らの生き方を調えることを誓った上での「仏弟子」になる証であり、それ以外のものでは決してない。

成仏は、仏に任されるべきであり、我々僧侶はお役目として、それをうまく橋渡しできるよう、御霊にお伝えするだけなのですから。後は御霊と仏様にお任せなのです。

「法要」は亡くなった人や先祖と繋がりを感じるタイミング

亡くなった人を忘れ切らないための初めの法要（儀式）が葬儀なら、亡くなった人や先祖との繋がりを感じることができるタイミングが法事だと私は考えています。

さてここで「法要」と「法事」について、少しばかり解説してみます。

「法事」と一括りにすれば、多くの人が「その時機がやってきたなら、故人を偲び、お坊さんにお経を上げてもらって供養すること」で、大筋異論は無いのではないでしょうか。

しかしながら、それは日本の今在る仏教側（お寺、僧侶、お坊さん）から指し示される機会に営まれる、仏式の「法要」のことを言ったものでしかありません。

「法事」を説明するとなると「遺族が場を設けて、故人と縁のある人を招き、時を同じくして、故人を偲ぶ法要や儀式を執り行い、その後に供養膳を囲む会食を行なったりして酒食を共にしながら重ねて故人を偲び、生前の感謝や思い出を語らうまでの全てを含んだもの」ということになろうかと思います。

多くの方が混同や誤認を招いていると思われる「法事」と「法要」

ここまでに伝えさせていただいたことで「法事」と「法要」の違い、大枠で捉えた際の「法事」、具体的な仏式での儀式そのものを「法要」といったことが明確になったのではないでしょうか。ということで、葬儀に営まれる仏式の儀式も「法要」です。私たち「おぼうさんどっとこむ」においても、サービス名の表示としては「法事」のほうを使っています。

これは「法事」と表したほうが多くの皆さまに通じやすいということもあると同時に、上記のように「法要」に関しては、供養の専門家であるお坊さん・僧侶が主に使う言葉であることが多いため、多くの皆さまに向けては「法事」と表記したほうが分かりやすいと考えてのことです。

また、仏事総合サービス企業として、仏事ごとの全てへの助力や個別の相談、対応も行なっている「おぼうさんどっとこむ」ですから、「法事」と表示してあながち間違いではないのですが、主に対応するのは「法要」へのお坊さん・僧侶のお手配や紹介になります。

さて、この後では、お坊さん・僧侶が執り行なう、お葬式（葬儀）以後の「法要」に関し、その意義等をお伝えしたいと思います。

現代においての法要は、葬儀後に多くの方が営まれるものとしては四十九日忌、一周忌、三回忌、七回忌、十三回忌、十七回忌、二十三回忌、二十七回忌、三十三回忌があります。

ほとんどのご家庭が、三十三回忌または五十回忌で供養止めの法要とすることが多いようですが、私は三十三回忌でいいのではないか、と考えています。

今の日本の平均寿命は男性がおよそ80歳、女性がおよそ86歳です。仮に、男性が80歳で亡くなったとして、喪主となる子ども世代が50～60代となりますから、三十三回忌を迎える頃には、孫世代が法要をしていることも考えられます。それが五十回忌となると、ひ孫世代になっている可能性もあります。

「ひいじいちゃんは、写真でしか見たことがないなあ。でも、じいちゃんは抱っこしてもらって、遊んでくれて、すげぇ勢いで叱られて……」という人がほとんどでしょう。顔も知らない人に手を合わせて供養するという気持ちはなかなか持てないものです。けれど、記憶に残っている人に気持ちを向けることは、それほど難しいことではないので、三十三回忌くらいまではちゃんと顔を覚えている人が気持ちを込めて法要ができる頃合いだと言えます。

仏教者側からも、三十三回忌を過ぎたら先祖に組み入れましょう、と教えていることも多いのですが、どこまでの法要を営むのかはやはり各ご家庭に委ねられるべきだと思っています。

三十三回忌の前の法要というのは、十三仏《じゅうさんぶつ》という日本で広く用いられた信仰体系に沿って言えば本来十三回忌で、その間にある十七、二十三、二十七回忌は江戸時代の頃に広まった後付けと考えられます。十三回忌の次が三十三回忌だと、その間は20年空いてしまうことになります。その間どうしたらいいのか、ということを多くの方が悩んだりして、相談された側の寺の僧侶も「寺もお布施が上がる機会が増えて、支えてもらえれば助かる。仏教で大切な数字の三と七のところは、十三回忌以降もやってもらったら有難い」ということも相まって、十七回忌、二十三回忌、二十七回忌の法要も行なうようになっていったのではないかと思うのです。

人は亡くなると様々な裁きを受けて、生前の行ないによって地獄か、極楽浄土または六道《りくどう》を輪廻《りんね》すると考えられ、餓鬼道《がきどう》、畜生道《ちくしょうどう》、修羅道《しゅらどう》、人、天のいずれかに転生されるとも考えられています。

この裁判を担当するのが閻魔《えんま》王などの10人の十王《じゅうおう》で、初七日から四十九日までの七日ごとの7回と百箇日、一周忌と三回忌の合計10回審判を受けることとされています。この時に遺族が法要を行なうことで、亡くなった人が本来は受けるべき罰が軽減されると言われていて、どれだけ手厚く供養されたかが重要ともされていたようです。

この十王の考え方を基にして、室町時代になってから先にも述べた十三仏が考えられ、十王による裁きにプラスして、七回忌、十三回忌、三十三回忌の3回が追加され、法要の大切さを伝えるようになるのです。そうした考え方からいけば、十三回忌から後は、三十三回忌まで法要する必要がない。「十三仏の考え方だと、その間はやらなくていいんだよな。でも、やったほうが寺は経済的に助かるから、間の7と3はやろうか」と、檀家側、寺側、どちらともなく始めたものが広まって、今の法要間隔になっていった気がします。

五十回忌、というものもありますが、50という数字、半世紀みたいなのは西洋的な考え方に近いので、アジアで生まれた仏教から考えれば、おかしな数字にも思えます。

西洋的な数字の考えで元々やってこなかった法要を、西洋的考えに沿って行なうのは、仏教の考え方からすると違和感を覚えますが、いつやって、いつやらないを完全に定義しているものは仏教の教えではないと考えます。いろんな人がいろんなことを言って、いろんなやり方が世の中に溢れているから、それを全部やろうとすると息が詰まってしまいそうになる。やらなくていいと決めてしまうのもどうかと思いますが、こういうふうに示されている中から自分たちで選んでいけばいいのではないかと思います。十三回忌で「もう法要はやりません、先祖供養はお盆だけやります」と家族で話し合って決めるなら、それでも構わない、と私は思います。

でも、後から「それじゃあ、親父が悲しむんじゃやねぇかな」と思うようなことがあったら、やってあげたらいいのです。ただ、お金がないのに無理してやるのは、いいことだとは私は決して思いません。あと2年頑張ればお金の準備も難しくなくなる（子供の進学や結婚などで使途するお金が必要など。生活の事情で）、というのなら三回忌を2年遅らせて4年目にするなど、それぞれの家庭の経済事情も考慮しながら決めていけばいいのです。葬儀とは異なり法要は次回いつ行なうかという目安が分かるので、「七回忌は2年後だから、今度は前のようにしないように2年で貯めよう」と計画するのも一つです。1日缶コーヒー2本飲んでいるのなら、1本辞めれば2年間でおよそ10万円貯めることができるので、それを親父さんのために使えばいいのです。

「親父ごめん。今年七回忌だけどお金がないからのもう少し待って、あと○年で貯めるから」とそこで自分で七回忌と決めればいいのです。七回忌じゃなくたって、十回忌だっていい。

「うちは、これとこれをやるけど、これはやらなくていいかな」というのは家族が決めていいのです。ちゃんと三と七を追っかけてやらなければならない、そんな教えを仏教は示していません。何度も言いますが「しなければならない」が仏教の教えの中に存在しないことは火を見るよりも明らかです。後から考え付け加えられた機会についても、「私のうちはずっとそうやってきたので、途中で止めたくない」という家庭もあれば、「うちは十三仏信仰に沿ってやろう」と決めるのも、みんな自由。各ご家庭で、それぞれの家族で、「十三仏の教えにそってやります」「親父には本当に世話になって、何もできてないから。毎年やるよ」と、決めてやっていけばいいだけなのです。

「供養」とは

故人の法要の他、先祖の供養についても考えたいものですね。自分たちには必ず先祖がいて、そこから皆さんは命を繋いでもらっているのですから。

今亡くなる世代は、自分たちの親から一切そういうものを教えられていないことも多いので、その子供の世代の人も同様に、親から何も受け継いでいないという方が少なくありません。これは、核家族化の弊害であるとも言えます。

戦後に生まれた70歳代前半以降の世代の人たちは、法要や供養というものに対してこだわりがない。供養や法要というものを教えてもらっていないし、その大切さもやり方も分からない。

「親のために、法要をやってあげたいとは思わないんですか？」

「やらなくても別に構わないのなら、やらなくていいでしょ。だって、誰からも教えられてないから」

自分たちのやりたいことはやる、やりたくないことは止める。だから、気軽に法要を止めてしまう人が少なくない。こうした人にはいくら説明をしても全く納得してもらえない。「やらなくても生活に何の支障もない」だの「そんなの坊さんの金儲けだろ」とか、はなから聞く耳を持とうとしません。

そして実際に、仏壇のない家も少なくはないのです。

私の妻の実家もその1つでした。妻の母、つまり義母は本家の長子の長女になりますが、弟である長男がいて、本家の後継ぎは長男が。結構な大家だったことから、姓は本家の姓を名乗ったようですが、結婚後は本家を離れた分家ということになります。妻の一家は元々福島の出身で、妻の両親は福島育ち。福島で結婚をして、二人の娘……姉と妻が生まれてから埼玉の川口に引っ越してきたわけですが、家を建てる際には2階に仏間を設けてあり、そこに仏壇を設えるためのスペースがとってありました。しかしそこには仏壇はなく、物入れの状態になっていたのです。

「確かに何かしなくちゃと思ったんだけど、本家が守っているから」

「先祖いますよね？」

「もちろん、いる。申し訳ないと思うけど、本家がやっているから」

　こんなふうに、うちは分家だからやらなくていいと考えている人が少なくないのです。

　江戸時代くらいまでは、一般大衆が移動できたのはせいぜい十里四方。40キロ圏内を行き来するのがやっとでした。本家と分家の関係性もその地域内で済んでいました。だからこそ「本家」がやっている所に「分家」もお参りができたのですが、今の時代、福島―東京間でも約300キロ。「本家がやっているから」と言うには簡単にお参りできない距離となってしまっているのです。要するに住まい方や暮らし方が変わった今、先祖に感謝を供えるための方法や考え方も変えていってはいかがでしょうか？　各家に先祖代々の位牌を準備して、先祖に感謝を向けることはできないことではないハズですし、むしろ先祖に思いを馳せるには、思い出せる距離、空間に、仏壇や位牌を置いておくことがそういった繋がりを感じさせてくれるのではないかと思います。

先祖というのは人にはみんないるものなので、先祖に手を合わせることから始めればいいわけです。

「先祖の法要ってやらないでしょ?」と言われたこともありますが、先祖供養の機会はお盆やお彼岸、その他いつでもあるし、法要だってしたらいいのです。また、法要をするということだけが供養ではなく、感謝をすることが大事です。感謝をする対象として仏壇や先祖の位牌というものがあると、先祖を感じやすいという利点があるものです。

こうした仏壇や位牌を通して、自分たちと先祖が繋がるのです。まずは自分が先祖を感じる事。こういう人がいたな、こういう考え方があるな、こう言ってくれたな、と思い出して、自分自身がしっかりとできているのかを振り返る機会を持つことはとても大切なことだと思います。

祖父母や曽祖父母、もっと先の世代の先祖に対しても、手を合わせる。自分を振り返るきっかけを与えていただける場所を作ることを勧めているのですが「そういうのを作ったら、子どもたちがそれをどうしていいか分からなくなって困るだろうから作らないいんです」という人がいます。しかし、それについても今やれる人がやればいいと私は思います。

ある時「先祖がいるのはもちろん分かっているし、先祖の供養をしていきたい。私のやっていることがあっているのかどうかを聞いてみたい」という相談を受けたことがあります。果たして、それも葬儀や法事同様、仏教の教えには「こうしなければならない」ということは一つもないので、自分たちで決めて、そしてやりたいようにやっていけばいい、それだけなのです。

家庭の事情や地域の風習などを考慮して、それを受け継げる人、受け継ぎたいと思える人がやっていけばいい。ただし、面倒だからやらないと考えるのは先祖に対して失礼だと思いますし、愚の骨頂だとも言えます。

自死者や孤独死の供養も増えている

ここ数年、自死者や孤独死された人の部屋の供養をして欲しいと依頼されることが結構あります。そのほとんどのケースで、亡くなった方の存在や霊はもうその場にはありませんが、多くの場合、その死者の霊を心から鎮めて欲しいというよりも、お祓《はら》いの意味や封じ込めでの依頼が多いように思われます。しかしながら、先にも述べた通り、そこに残る霊や存在はほとんどなく、それよりも、思い、念といったものへの対応のほうが大変です。それを祓うことや封じ込めることはそう容易く行なえることでもありません。仏教者や神官様、中には霊能者のような方が、いとも簡単に「できます」「やります」などと言っているのを見ると、「本当にできるのか？」と、とても心配になりますが、それでいい人には、それでイイ人が行くので、最近は問題なしかなぁ、などとも思います。

最近私が対応した中では1軒だけ、こういうことがありました。友人の会社の職員の人が母方の実家を相続することになったため、相続前に仏壇と神棚を封じてほしい、と依頼してきた時のことです。「叔父がこの家で亡くなったのですが、ずっと一人で暮らしていて……最期は孤独死で。手付かずのままだったのですが、邪険にもできませんし、何もしないわけにはいかないので、お仏壇と神棚だけは相続する前に封じて欲しいのです」

私が行って、全部供養し終わったのですが、何となく気になる場所がありました。そこは廊下のつきあたりの浴室の手前、敷物が敷いてあった部分です。故人（叔父様がどこで亡くなっていたのか、と聞いてみると「ここです」と言われました。私が気にかかったその場所で、倒れて亡くなっていたと。

お清めの洒水《しゃすい》をして、お経を上げたのですが何かが出ていくのがはっきりと分かりました。そこには私が紹介した遺品整理会社の作業員さん、友人、そして相続される娘さんと私の4人がいたのですが、私だけでなく他の人にもそれが分かったらしいのです。

「林さん、今の何？」と。

私がしたのはお祓いではないのです。亡くなった方に向け「此処《ここ》にいらっしゃるのなら、安心してください。仏壇閉じもしましたし、家を守ろうという気持ちでいなくても大丈夫ですよ」と伝え続け、これまでの感謝を込めてお経を上げただけなのです。

それを説明して「安心して出て行かれたんじゃないの？　次にどこへ行くかは分からないけど、もうここに止まるべきじゃないなと分かって出て行ったんだと思うよ」と伝えました。

その翌日、その娘さんの元に亡くなったお母さんがやってきて「やってくれてありがとうね」と言ってくれたとの報告を受けました。「母からこういうふうに声をもらったので、私もやってよかったです。ありがとうございます」と喜んでいただき、本当によかったと思いました。

自死の場合でもそこに思いを残している方たちは、実はいそうでいません。だから、祓うなんて行為は逆にしないほうがいいのではないか、と思うことがあります。

　また、これは私ではなく友人の体験ですが、ある店舗でのこと。そこは店内に、いつも座席がちょっとへこんだ所があり、特に変わったことが起こっているわけではないものの、ただ誰かそこにいるような気配があってお客さんが怖がるって言うんです。前の持ち主からから譲り受けたオーナーが「ちょっと祓ったほうがいいんじゃない？」と、お祓いをする祈祷師みたいな人を呼んで、お祓いをしてもらったらしいのです。すると、気配のようなものはしなくなったらしいのですが、今度はお店にお客さんが来なくなって、そのうちに店を閉めてしまった、と言うのです。

　こうしたケースでは、気配がしたりしても、いても邪魔にならない際には、そっとしておいたほうがいい、と私は思います。もしかすると、そこにいてくれたからこそお店が繁盛していたかもしれませんし、人の勝手な都合で祓ってしまってもいいことが起こるとは限らない。気になる際にはそういった位置に座席を設けないとか、逆にお店のシンボルになるようなものを祀るなどして、一緒にその場を活かしていけばいいいのではないでしょうか。

私自身もそういう現場に何度か足を運んだことはありますが、そこに思いや存在を残していないことのほうが圧倒的に多い。それでも徹底的に祓おうとするのは、友人が体験したこのお店のケースのように、逆の方向に作用することがあるのではないかと感じてしまいます。

亡くなった人というのは祓うべき不浄なものではなく、見守ってくれているものでもあるのですから。

亡くなった人が伝えた「みんなの愛になります！」

亡くなった人が残していく人に思いを伝えようとすることもあります。

「私はママの愛になるの！」と伝えてきた女の子の時もそうですが、葬儀や法要の際には、亡くなった人がその思いを届けてくれることがあります。初めて私がその声を聞いたのは、ある自死をした人の葬儀でした。

「ごめんなさい、ごめんなさい、ごめんなさい……」と、念仏のように唱えている小さい声が通夜と告別式の二日間、ずっと聞こえてくるのです。どうやらそれは、私にだけ聞こえているようで、周りの人の耳には届いていない。その声からは「どうして僕の声が聞こえないんだ」という感情のようなものも伝わってきました。

通夜、葬儀と二日間にわたる法要も終え、火葬場で棺を火葬炉に入れようとする間際、それまでずっと我慢していた奥さんがとうとう堪えきれなくなって「どうして一人で逝っちゃったの！」と泣き崩れてしまいました。すると、その時に私の右側の後方から「僕はみんなの愛になります！」という声が聞こえたのです。まぎれもなく、あの「ごめんなさい」の声の主でした。

これは私が故人の声を届けなければならない、咄嗟《とっさ》にそう思いました。

「旦那さんから声をかけられたので、そのことを奥さんにお伝えします。旦那さんも同じようなことを叫ばれていました。昨日まではずっと『ごめんなさい、ごめんなさい』って、念仏のように聞こえていたんですけど、今日、今急に聞こえたのです。申し訳ないと思いながらも、いつもあなたたちとずっといるよ、と伝えたいのだと思います。彼は『僕はみんなの愛になります』と、ずっと一緒なんだよって言ってくださっているんじゃないですか。

皆さんが人に対して、優しい気持ちを使う時、必ず旦那さんはそこにいらっしゃるっていうことですから」と、泣き崩れる奥さんに私は話しかけました。

奥さんは「そうなんですね、そんなこと言ってくれたんですね……安心して送れます」と泣き止まれて、どこかホッとした表情になってそう答えてくれました。

火葬が終わってお骨上げの時までいたのですが、火葬中は「ごめんなさい」という声は聞こえなくて、押されるような雰囲気があったのが、やがてそれがすーっと全部なくなっていきました。

亡くなった人は時として、遺していく人々に対して思いを伝えようとしていることがあるように思います。しかし、人はそこにあるはずのないものが見えたり、聞こえるはずがないものを聞いたりすると「そんなものは存在しない」「私に限ってそんなのが聞こえるはずがない」と思い込もうとしてしまうので、遺族にはなかなかその思いが届かないのかもしれません。

しかし人が見ているもの、聞いているものは、世界のほんの一部でしかありません。聞こえた際には私が媒体となって伝えて差し上げるようにしていますが、本当は聞こうと思えば、皆さんにも聞こえてくるのではないかと思っています。

また、ある法事の席での話ですが、法要が終わって法話をしていたら「林さん、ウチの父親のこと知っていますよね？」と聞かれました。

葬儀の際にも私の会社「おぼうさんどっとこむ」に依頼があったご家族ですが、その時は私が対応したわけではなく、故人とは生前に面識があったわけでもありません。すると「父の口癖なんです、今日の法話で話されたこと」と言われて、いやそんなはずはない、と思っていると「親父から言われているようで、家族中がびっくりしちゃって」と、とても驚いていらっしゃる様子でした。

どんな口癖だったかは、はっきりと覚えてはいませんが、自分の責任で物事はするんだよ、やったら責任は自分で持ちなさい、というようなことだったと思います。

私も話の要旨を決めていたわけではなく、その際に口から自然に出てきた言葉だったわけですが「ずっと僕ら兄弟が父から言われてきたことです」と。

その次の法要の際にも、私が事前に準備していったものでなく、法要からの流れで自然と口をついて出た話ではあったのですが「林さん、絶対見ている。親父の何をどこで知ったんですか？　それも親父が口をすっぱくして僕らに言ってきたことですよ」

確か、感謝を忘れるな、という内容だった気がします。

これには二度びっくりも、「あ、親父さん、ボクを媒介にして、ご家族、特に息子さんたちに受け継いでほしい教えや考え方があるんだな」って思わされました。

特に今の人たちは自分の力だけで物事ができていると勘違いしていて、感謝がなくなってしまっている。全てに感謝をすることとは、自分の命の有難さも他ではない。すべてに対しての感謝を忘れてはいけないのです。

ありがとうと口に出して伝えることはとても大切なことです。家族の中だと恥ずかしいからと、つい「ありがとう」と言いそびれてしまうこともあるとは思います。

朝、手を合わせてお線香あげるだけではなく「お父さんありがとう。今日も無事に起きられました」と、小声であっても伝えてほしいものです。

朝普通に起きられることが当たり前だと思うから、人は自分の命に感謝することはあまりしません。しかし、その命はいつも誰かに見守ってもらっていたり、自分がこういう状況を与えてもらったりしているのだということに感謝して、１日を始めるほうがいいと私は思います。「ああ、今日もお前頑張ってるな」と向こうでお父さんが思ってくれていることに感謝して「ありがとう」と言葉をかければ、向こうからも「必ずお前を支えてやる、お前の支えになってやる」と声なき声が返ってくるものです。言葉として波動にして送ることによって、自分の中に一つ観念として持てるようになるはずです。

人は自分以外の全てのものに感謝をして、そして自分の命のありがたさにも、もっともっと気づくべきなのです。

第三章　仏教者としての道のりと使命

見えない存在からのメッセージは、危険を知らせる警告のこともある

　葬儀や法要などで亡くなった人の声を聴いたり、その存在を感じたりすることがありますが、そうした時はできるだけ遺族の人にそのことを伝えるようにしています。遺族がそれを知ることで「いつも側にいてくれるんだ」「見守ってくれていたんだ」と故人を思い、故にそれが、その人が生きていくための力になることもあるからです。

　しかし、遺族の中にも「見えないものは、無い」と思っている人が多いのです。

　ある70歳代後半の男性の葬儀の時のことですが、戒名を付けるため、電話でご挨拶の後、いつものように喪主様とご遺族の方たちに、故人様がどういう人であったのかを聴かせていただきました。

　その男性はとても家族思いの人だったようで、子どもたちに何かあると「どうしたらいい？　お前たちのために何かできることはないか？」と一緒に悩んでくれるよう

な父親だったとのお話を伺いました。

そして、その人柄にそった戒名をお付けして、葬儀当日を迎え、法要が終わり、火葬後の収骨中にそれは起こりました。

そんな人だったからか、また「みんなの愛になるから」という声が私の耳に届いたのです。

火葬中の控室で、この先の供養のことやお墓のことなど、喪主様のご相談を受け、話をしているうちに時間が過ぎ「ご収骨です」という案内が入り、みんなで収骨室へと移動しました。収骨室で短めのお経を読んでいた時にその声が聞こえたのです。そこで収骨後に「みんなの愛になるから」という故人の言葉を遺族に伝えたのですが、喪主である息子さんと、故人の奥さんは「親父が愛だなんて言わない」「あの人に限って言ってない」と。私の思い込みや妄想、と言われてしまえばそれまでなのですが、きっと伝えたいことがあったはずなのです。生きているうちには、口はばったく言えなかったことも、全て１つの世界に戻るのだと分かったときには、その思いを伝えようと、何とか私を媒介することで伝わるんじゃないかと、その思いの言葉を届けようとすることもあるのではないでしょうか。

見えないからそんなものはあるはずない、生きていた時に言っていなかったのだから言うはずがない、ではないと思うのです。確かに死んでいくのかもしれませんが、仏教にある輪廻転生という考え方からすると、ただ「行くだけ」なのです。あちらの世界に行く、元いた場所に戻って行くだけなので、死んだからそこで終わり、ではないのです。

私たちが見ているのは、ただ一方向の指向性でしかないのです。今見ているものだけが全てではなく、その裏側も反対側もあらゆる見え方捉え方が存在していて、角度を変えて見ようと思えば見ることができるのですが、見ようとしなければ一生見ることはできません。

私が「そこにあるはずがないと思われている」存在の声を聞いたり、感じたりできるのは、それを感じてきた、伝えられてきた、といった経験をしてきたからだと思います。

今でもはっきり覚えているのは、3歳か4歳の頃に私が祖父の腕に抱かれていて、その時に何かぼんやりと見えたことです。どんなものだったのか、は分かりませんでしたけど、それが最初だった記憶はあるのです。

私が大学で東京に出るまで過ごした実家は、祖父が住職を務めていた寺でした。東京に出る前までは、お盆になると提灯を持って迎え火をとって帰るときに、火の玉というか、何か飛んでいるものがあるというか……その頃はまだ土葬の名残があったので、そんなものが見えるわけです。「何だこれ？　僕の目がおかしい、いや、でも絶対何か通ってた」という、そんなこともありました。

小さい頃は本堂に祖父とお経を上げに行く朝の時間がすごく好きで、祖父と一緒に本堂でお経をあげに行って1日が始まる、というのが私の日課でした。

本堂に鐘や木魚、磬《けい》などが置いてあり、いろんな仏具などがありました。自分が鳴らしてないのに鳴ったりすると、誰かが来ているとか、喜んでくれているとか感じていました。何で誰もいないのに音がするの、僕しかいないのに鳴り物が鳴る、というのが、結構小さい頃から多かった気がします。

本堂という所は幼少の頃はおっかない所だと思っていたのですが、祖父がお経を読んで、木魚や鐘を叩いていると、いろんな音や声が聞こえてくるのです。ただ祖父にくっついていただけなので、私と祖父しかいないはずなのですが、まだ小さかったこともあり、特に気にせず、逆に段々とそこがすごく楽しい場所になっていきました。

小さな子どもというのは、興味を持ったことしかしませんし、夢中になってしまうものです。「遊ぶ場所じゃない」と怒られながらも、その声や音のする場所にいそいそと通っていました。

鐘や木魚などに触っていると、「何だ、ちくしょう」とまるで叱られているかのような声が聞こえることがあって、最初のうちはそれも怖かったのが、そのうち楽しくなってくるわけです。

そうしているうちに、祖父の読経以外の声が聞こえるようにもなりました。はっきり何かを伝えているものではありませんでしたが、祖父の声のピッチより高い音で、コーラスのハーモニーを奏でている人がそこにいるような気がしました。実際にいたのか、そういう声をどこからか誰かが出していたのかは分かりませんが、どうしてそういうのが聞こえるのだろうと、不思議に感じることはよくありました。

祖父に話すと「ああ、お前が一緒に来てくれたから仏さんが喜んでくれたのかな」と言っていましたが、祖父の読経のピッチと、何かの波長がたまたま合って向こうから「ありがとう」または「もっと読んで」のような意味の言葉だったのではないかと私は感じました。仏さん、と祖父は言いましたが、ご本尊さんとしての仏さんなのか、命日の人のために祖父がお経を読み上げていたので、亡くなった人のことだったのかは今にして思えば分かりません。

大人になって、自分がお経を上げる立場になると、祖父が言っていた仏さんとは、ご本尊様のことではなく、ご縁のあった多くの故人様のことだったのではないかと思うようになりました。亡くなった人を弔う、毎日朝に月命日の人の読み上げをするので、そういった亡くなった人々の言葉だったのではなかったのか、と今は思っています。

ところで、亡くなった人は時にちょっとしたイタズラを私たちに仕掛けてくることもあるようなのです。

これはある葬儀でのことですが、声の振動くらいで動くわけがないのに前机の鈴（リン）を打つ道具が何もしていないのにコロコロコロっと2回転ほど左に転がりました。ガタッコロコロとなって「何？　何かあった？」と思ったら、今度は私が座っている椅子が後ろに引っ張られて「何？　何？」と。「ちょっと待てよ」と、遺影を見たらすまし顔だったおばあさんがニヤッと笑っていたのです。

火葬場に行って、喪主様と話している時に「もしかして、お母様いたずら好きだったんですか？」と聞くと、驚いた顔で「何で知っているんですか？」と。

「実は今日、ボクの使っている鐘を叩く棒が転がりまして。何だ？　と思っているうちに、僕の座っている椅子が引っ張られました。どうした？　どうした？　と思ったけど、法要中なので止めるわけにはいかないので。遺影を見上げたらおばあちゃんのおすまし顔がニヤっと笑ったんです」と言うと「お袋のやりそうなことです」と遺族の人が話してくれました。

小さい頃に本堂で遊んでいると鳴り物が鳴ったりしたのは、もしかすると亡くなった誰かが小さかった私にイタズラして、その反応を楽しんでいただけなのかもしれません。

そんな子どもだった私は高校生になると、ちょっと悪い仲間とツルむようになったのですが、ある日近所にあった自殺の名所に夜中に行こう、とみんなで出掛けて行くことになりました。友人のバイクの後ろに乗せてもらってそこに行くも、その自殺の名所とされるつり橋まで、先は細い道になっていてバイクは入れないので、そこからはバイクを降りて歩いてその橋を目指しました。5分ほど歩いてその橋まで到着して、橋の真ん中あたりでたわいもない話をしていると、突然「ほら出たぁ〜!!」と友人の一人が叫び、もと来た方に走って逃げているではありませんか。そして振り向いて橋の先を見ると、!!、何と2体の幽霊が橋の向こうから来るのが見えたのです。その幽霊たちに追いかけられて、6人が半べそになりながら、必死で逃げたのですが、そのうち一人が左足を掴まれてしまったのです。残り5人で振り解いて、何とか明るい場所まで来ると、その友人の左足にはくっきりと手形が残っていました。みんなで「あのままいたら、殺されていたかもしれないな」と言い合ったのですが、こうした場所にはその後2度と行くことがありませんでした。

遊び半分で亡くなった人を冒涜《ぼうとく》するような行為はしないほうが身のためだ、と痛感させられた出来事でした。

とにかく「やんちゃ」な高校時代を過ごしたので、父に怒られることもよくあったのですが、ある時は友達とふざけて自転車に二人乗りしながら、勢い余ってダーッと倒れ、道路に投げ出される、といったことがありました。

今は剃髪でその面影はないかもしれませんが、その頃長髪だったので倒れていると走ってきたバイクに髪をふまれ、死んでいてもおかしくないギリギリのところでした。

今思えば、我ながら馬鹿なことをしたものだ、と思いますが、何度もふざけておかしなことを繰り返してやっていると、ふと「よく死なないよな」と感じ始めました。そのうちに、きっと自分には死ねない宿命みたいなものがあって、死ねないようになっているのだな、と思い始めてからはこのように馬鹿げたことはやらなくなりました。

こうした幼少期からの体験があったからこそ、見えないものは、見えなくともそこに存在していて、私たちに何かを伝えようとしていることが分かるようになり、それに何の違和感も覚えなくなっていました。そういうことを、身をもって経験することで、見ようと思えば見え聞こうと思えば聞こえと、誰にでもできるはずなのに、経験したことがなければ分からない。分からないから否定する、そうなると否定しかできなくなってしまうのも理解できます。しかし、経験を否定することは、ボクにはできないし、したくもありません。

ただ、仏教者として、こうした存在を知り、自分が生かされているということを分かっていても、それでもまだ気づいていない、ということはたくさんあります。それを知るために日々精進を重ねているわけですが、意外なところで思い知らされることもあります。

私が会社の事務所を稲城市から昭島市に移すきっかけになったのが、２０１９年に大きな被害を出した「令和元年東日本台風」の時です。台風の影響で会社の建物の裏山が崖崩れを起こしたのですが、そのすぐ側に当時の事務所であったテナントが入るマンション全戸に供給するためのプロパンガス会社のガス貯蔵庫があったのです。このガスタンクは従業員通用口にも近接していて、もし被害が出たら自分だけでなく社員たちの命も危うくなるのではないか、みんなを守るためにもどこか別の場所に引っ越したほうがいいのではないか、と思ってはいたのですが、入居の際にとてもお世話になり、とてもよくしてもらっていたので「ここにいたい」という気持ちもあり、どうしようかと悩んでいたのです。

そんなことを考えていた頃に、中央高速を走行していると、突然タイヤがバーストして大惨事になる一歩手前で助かった、という出来事が起こったのです。

その時はあまりにも突然のことで何が起こったのか分からず、かなりの速度が出ている上、ハンドル操舵もできないでいると、やがて車が振動し始めました。追越車線を走行していたので、後続車が来たら避けきれない。こういう時は急ブレーキを踏むと更に危険な状態になるのが分かっていました。左後方を確認すると運よく出口のすぐ先だったこともあって、後続車両は何台も続けてそのインターで降りていて、徐々に減速をして路肩に停車することができ、他の車両を巻き込んだ大きな事故にはならず、何とか事無きを得ましたが、止まってからも生きた心地がしませんでした。

その時に「これは命があるうちに動かないとだめだ」と、事務所の昭島移転を決心しました。２０１９年の12月に移転して、すぐに新型コロナウイルスが流行し始めたのですが、移転前は賃料も高く、固定費が倍近くかかっていたので、あの時に移転しなければ、もしかしたらウチの会社も危なかったと思います。

人は何か自分の身に大きな禍いが起きる時に、その前兆のようなものがあって、夢の中で自分に近い両親や祖父母のこともあれば、守護霊のような先祖が暗示してくることもあるらしいのですが、誰かが私に「今動き時だよ」と、教えてくれていたかもしれない、そう強く思わされました。こんなこともあるのだな、と本当にそう感じた出来事でした。

亡き祖父の声に天命を知る

そんな私がはっきりと「言葉を耳にすること」として認識したのは、大学に入ってからのことです。

高校を卒業してから東京に出たのですが、初めは音楽の専門学校に通っていました。私を可愛がってくれていた祖父が亡くなった後、寺は兼務で、父の長兄にあたる伯父が担ってくれていました。父は六男三女の９人兄弟の１番末っ子で、父のすぐ上には、伯父、その上には伯母、その上も伯母、その上も伯母。そしてその上の伯父が兼務で実家の寺を支えてくれていて、その上に、実は祖父の後を継ぎ、実家の寺の住職になる予定の、祖父にとっての三男となる伯父がいましたが、祖父より先に55歳で亡くなっていました。その上には、全ろうの長男、次男の二人の伯父がいましたが、ろう者ということで、お寺の後を継ぐことはできませんでした。

祖父の三男で、祖父より先に亡くなった伯父の息子である従兄が寺を継ぐことになっていたのですが、その従兄が後を継がないと祖母に言い出したというのです。

私たち一家は、住職である祖父と祖母と一緒に暮らしていましたが、末っ子だった父は耳に障がいがあったこともあり、寺を継ぐことは断念していたのです。

私は祖母に呼び出されて「音楽ではなく仏教を学ぶ大学に入り直して、後を継いでくれなくちゃ困る」と言われ、通っていた学校を辞めて大学に入り直しました。

しかしそれから数年し、祖母が亡くなると、それまで祖父母と一緒に暮らし、寺の雑務を支えながら祖父母の面倒をみてきた私の両親に対して、従兄は酷い言葉を言い放ち、私たち一家に寺から出て行ってほしいと言い出したのです。

「何だ、結局後は継げないんだ……」と、私はどうしたらいいのか分からなくなってしまい、とても悲しい気持ちになったのを今でも昨日のことのように思い出します。

そんなことのあった翌日に祖父が私の夢枕に立ってこう言ったのです。

「こんな田舎の小寺に執着するな。あいつはここの住職にしかなれない。なのでこの寺はあいつに任せなさい。お前は東京でいっぱい苦しんでいる人を見て来たんだから、その人たちを救うための仏教者になりなさい」

私が亡くなった人の思いを言葉として聞いたのは、これが初めてのことでした。祖父のそんな思いを聞いて、田舎に別れを告げて、もう一度東京に出ることにしたのです。

もし、あの祖父の言葉がなかったら、東京に行って困っている人を救おうという気にはならなかったかもしれませんし、酷い仕打ちをした従兄を恨み続けていたかもしれません。今となっては、そういうことがあったからこそ今の自分がいるのだ、と思えるようになりましたが、もしあのまま田舎にいたら、もしかすると私も高額なお布施を要求するようなことをしていたのかもしれない。

祖父は言葉で、そして父はその死に様で私に生きるための道を示してくれたのです。生きているといろいろなことがあります。時には悩み、辛い思いをすることもありますが、こうした時にその道を照らしてくれるのが仏教の教えなのだ、と私は思います。

仏教では「自分で決めたようにやっていい」のです。周りのため、ひいては自分のためになる良いこと、それを貫き、自分がそこから外れなければいいのです。私利私欲に走ったり、人のためと言いながら裏でおかしなことやったり、ということをしなければ、自分が進むべき道は必ず見え、そして拓けてきます。

そうして常に自分に問いかける。この問いかけは、自分だけでなく、向こうにいる先人への問いかけでもあると思います。

どうあるべきかを自分に問いかけながら、向こうの世界からのものを何かのタイミングで与えてもらっている。亡くなった方を通しての場合もありますし、日常の生活の中で何かのきっかけで考えさせられていることもあります。

私自身が人々にそれらをきちんと伝えていくことが、私に与えられた役割なのではないか、と強く思わされている今日この頃です。

大学での行体験、比叡山での行経験で僧侶への道を拓く

かくかくしかじかあり、仏教者になるために大正大学に入学したのですが、その授業の一環として、比叡山《ひえいざん》での行体験というものがありました。

私が入学した当時は、大学に入った１年目は入寮し、ここで日常的に勤行《ごんぎょう》をするのですが、１年次、２年次とちょっとした山での行体験をすることになります。

寮での勤行では日常的に読経をしたり、掃除や堂内整備を教わることで感覚を養ってはいましたが、山での行体験では法要などのやり方や坐禅の仕方、天台の教えとして触れていなかった部分を実体験として学ばせていただけました。２年間でそこまでの経験を通してある程度分かったつもりになっていましたが、３年次になって、夏休みを全部使っての60日に及ぶ天台宗の僧侶としての本格的な修行では、改めて深いところまで全部教わります。寮で行なっていたものは30～40分程度の短縮版のようなも

のなので、本来は2時間くらいかかる法要の行ない方をしっかりと学び、配役を決めて、多くの人が関わる中で、法要を組み立てるなどのトレーニングをこの行の前半ではすることになります。

ただ、前半はこうしたトレーニングだけでなく「試練」もあるのです。

この行は私が通っていた大正大学と地元の叡山学院の学生や行を希望する者が集い合わせ、比叡山の「行院《ぎょういん》」と呼ばれる行場で行なわれます。

なぜかそれぞれの学校から一人ずつ、暗黙の了解のように多くの作務《さむ》（仕事）を負わされる者がいるのですが、大正大学では私が、叡山学院ではSという学生がそのような立場になり、休む間もなく作務を与えられるのです。

他の仲間は2階の自室で休憩をしているのに、私たち二人だけは山のような作務をさせられるわけです。

ところがそのうちに、黙って手伝いにきてくれる仲間が出てくる。すると指導員の先生や助手の先生から「誰が手伝えって言ったんや。お前らが言ったんか？　他のやつは帰れ！」と言われ、叱られているのです。

それを何度か繰り返していくうちに「手伝ったらだめなんですか？」と、手伝いにきてくれた仲間が指導員の先生に質問すると「手伝うなら手伝うで、こちら（指導員）に聞きに来るもんじゃないのか」と。

ああ、そうだったんだ……試されているんだ、とここで気づくのです。

「一人では大変だと思うので、手伝ってもいいでしょうか？」

「大変だと分かったなら、お前一人だけじゃなく、みんなにも手伝わせろ」

つまり、自発的に1つのことを全員が力を合わせてやれるか、チームワークをまとめるためのカリキュラムだったわけです。

山に放り込まれれば一蓮托生《いちれんたくしょう》……一人も落伍者を出さないように、みんなで支え合うということを叩き込まれていく。

行が始まったばかりの頃は、少しでも楽をしたいので何とかごまかそうとするわけですが、徐々に一蓮托生の意味を分かってくるのもこの時期だったと思います。

後半の密教の行に移行して1番面倒だと感じていた行は、真言1つ唱えるごとに、念珠の珠を1つ繰る、というものでした。回数が決まっていて終わると鐘を鳴らすのですが、最初の頃はズルをする。すごく早めにチーンと鳴らすと先生が飛んできて「そんな早く終わるわけないやろー！」と叱られていました。そのうち慣れてくると、今度は5分くらいで終わるから、決まった回数が終わらなくても鳴らすようになる人もいたりして。

ただ、この行は一蓮托生……誰かがズルをしたのがバレると「お前のせいで正座10分長くなるからな」とみんなが怒られます。この頃になると膝も足もボロボロで正座するのも辛くなっているので、本当に勘弁してほしい、と思っていました。そんなことをしながらみんなで真言を唱えていくのですが、段々みんなのペースが早くなってきて、後半は全員がズルいことをしなくてもできるようになるのです。

こうして、みんなの支え合いがやっとできたところで、密教の修行も佳境の護摩行《ごまぎょう》に入っていきます。私たちのように仕事を押しつけられた人間も、護摩行に入るまでには1つのことを手分けしてやるようになり、みんなが自発的に助け合って物事に取り組めるようになっているので、誰かを蹴落として自分だけ上に行こうとか、自分だけが楽をしようということがなくなります。この試練は、そこまで見越してカリキュラムが作られていると、今更ながら思いますし、幾度もの修行のありようを積み重ねて時宜に合ったものに変化もしてきているとも思えます。

食事も食べるものが制限されて、精がつきそうなものは一切出てこない。動物性たんぱく質は牛乳だけですし、カレーも肉の代わりにこんにゃくが入っている……そんな状態が続くので、当然痩せます。私は64kgあった体重が47kgに、17kgも痩せたほどです。食事は楽しいものではなく、ただ身体を保つためのもの。私はおかゆを食べても吐き戻していたので最後のほうは食事が苦痛なものになっていました。

前半の行の最終期に礼拝行を3日間やり続けるのですが、膝をつくので、膝の擦過傷《さっかしょう》が酷くなっていく。傷から出た血が張り付いて、擦れるのでそれが剥がれてまた出血……を繰り返す。膝は化膿して、それが悪化して膿が出ていましたし、その時着ていた白衣はボロボロでした。

身体的にそこまで追い詰められた時に密教の行に入るわけですが、更に心身共にキツくなっていきます。ただ、この頃にはチームワークができているので、みんなで支え合ってやっていくことで、負担は軽減されていたと思います。

そして後半の密教の行に。密教とは行を経ている人しか教えてはいけない師資相承《ししそうじょう》という流れがあるので、阿闍梨《あじゃり》さんがついて印の組み方やその意味などを全部教えてもらいます。

まずは自分を不浄なものから浄化させます。印を組んで、結界を張って外から魔が入らないようにするのです。印を組むと包まれているような、まるで甲冑《かっちゅう》でもつけているような感覚になって、外から魔が入らない状態にしてから、護摩を焚く、という行に入ります。

こうして、多くの人の思いを叶えるべく後押しをする修法を教わっていきます。後半のほうが覚える事も多く、寝る時間を削ってでも覚えないといけないので、圧倒的にきつくなります。今度は寝られない苦痛に襲われるのです。

毎日座禅や掃除、草引きや薪割り、そして行に必要な樒《しきみ》を崖に取りに行ったりするのですが、比叡山の中で自然と触れ合いながら生活していると自然がとても近いものに感じるようになってきますし、とても敏感になってきます。

そんな中で、ふと見上げた夜空を見て「こんなに星ってあるんだな」と感じたことを今でも鮮明に覚えています。毎日仏様に供える閼伽水《あかすい》の水取りにいくのですが、１時30分くらいには起床して、水で身を清めてから水取りに行くんです。心身共に疲弊した状態の中、空を見上げると、驚くほどたくさんの星が見えました。

空気がキレイな場所ですし、天にも近い山の中だから、ということももちろんありますが、行をしている状態にあるからこそ見えたものなのではないかと思うのです。空じゅう光の点がいっぱいで星がキレイ、というのを通り過ぎて、鳥肌が立つような気持ち悪さを感じるほどのものでした。

こんなふうに、いろんなものを感じさせてもらえるのが行だと思います。私たちも受け手、受信存在なのだと、はたと気づかされる場所なのだろうと感じます。

しかし、行をする人の中には、そうした状態を通り越して、心が病んでしまい、行の途中で脱走をする人や精神錯乱を起こして自死してしまう人などがいるというのです。そんな行者の精神状態を計る目安になっているのが「一つ目の傘お化け」です。

行の初日に「一つ目の傘お化けを見たら申告をしなさい。山を降りてもらうから」と言われ「ええっ!?」となったのを思い出します。私たちの中では見た人は誰もいませんでしたが、このお化けを見たら、修行の続行が不可能な精神状態になっている、ということだったのかもしれません。私たちのような邪心があるような段階で行に入る人間というのは、怖いなと思うものによって説き伏せられたり、逆に良いものがきて導いてくれたりしているのかもしれないですね。

夜は午後8時に就寝してもいいことになっていたのですが、勉強しないと追いつかないので、みんな懐中電灯の光で自習をして夜中の0時くらいに寝て、1時30分には起きるという生活が後半は28日ほど続くので、そのうち幻覚のようなものが見えてくる。「お不動さん笑ってんだよー！」などと言い出すヤツも出てくるのです。私自身も一つ目の傘お化けは見ませんでしたが、普通なら聞こえないものや見えないものを修行中には経験しました。絶対そんな声が聞こえるはずがないという所で、高いピッチの声でお経を読んでいるのが聞こえたり、座禅の最中にも声が聞こえたりしたことがありました。座禅をするのは夜の時間が多いので周辺はとても静かで、風や虫などの自然の音だけが聞こえてくる状況の中で行なわれます。

日中の厳しい行をした後ですから、灯明やろうそくの灯りだけの暗い室内での座禅は足の痛みより睡魔との戦いで、40分間のうちの半分くらいは意識が飛んだような状態になっている。

その時に「起きよ！」と言う声が聞こえたことがあります。先生の声かと思ったら、そこには誰もいない……また、別の声が聞こえてくることもありました。それは気をつけなさいと言う注意だったり、休みなさいと言う喚起だったりしました。

そんな声が聞こえた翌日、私は熱を出してしまいました。先生から薬を渡されて「熱が下がらなかったら、残念だけど山を下りろ」と言われましたが、私としてはここまでやってきたのに、こんなところで下りたくないよと必死でした。

病人ということで隔離された一人部屋で寝ることになったのですが、一人ということもあり、このまま熱が下がらず山を下りなければならなくなったらどうしようという不安で、すぐには寝つけずにいたのですが、そのうち寝落ちしていたのでした。すると夢の中で「休め。しっかり休め」と言う声が聞こえ、その声に驚いて夜中に起きたら、汗びっしょりの状態になっていて、翌朝には平熱まで熱が下がっていました。

あの声の主が誰だったかは分かりませんが、その声が私を癒してくれ、とりあえず最後まで行を修められるようにしてくれたのかな、と思わされました。

入山する際には、三塔巡拝《さんとうじゅんぱい》という回峰行《かいほうぎょう》を模した、東塔、西塔、横川という比叡山の三大区域を、30キロ程度の行者道（山道）を上り下りしながらお参りして巡り、無事に行が満行できるようにお祈りしてから本格的に行に入ります。また最終日の前日にお礼参りに三塔巡拝をすることになっているのですが、行をする前後ではその速度が全然違うのです。身体は疲れてボロボロなのに、お礼参りのほうが30分〜1時間ほど早くなっている。お礼参りの時には、私は入山する前より体重が14〜15 kgほど落ちているような疲弊しきった状態なので、本来なら無理そうなきつい山を上り下りするのですから、体力のある入山前より時間がかかるのが当然かと思っていましたが、実際は早くなっている。「これで終わりだ」と言う最後の馬鹿力だけでは、これほどの力が出るはずもないほど疲れ切っているので、行を終えると、不思議な力みたいなものが備わったのではないかとも思ってしまったものです。最初は「辛い、大変だ」と言っていた人間が、最後は「ここで下山させてなるものか」という思いで、体重50 kgもない状態の私が、体重90 kgもの仲間を背負ってあの獣道をよく上がれたなぁと、今でも本当に不思議に思います。

今でも厳しい行は行なわれているのですが、少し状況は変わっているかもしれません。

私たちが行った翌年、比叡山延暦寺の行院《ぎょういん》という行場では、私たちのように声が枯れるまでお経を上げるような行はしなくなっていたのです。

翌年後輩たちが入っているからと行見舞いにいくと、何だか私たちの時とは様子が違う。とても静かなのです。

「みんなどうした？　大声も出さずに……」

「いや、あいつのせいなんです。ほら、父親がお偉いさんとかっていうヤツがいたでしょ。何を言ったか分からないんですけど、こんなのは行じゃない、みたいな話になって。声を荒げるんじゃない！　ということになったみたいなんです」

これがきっかけとなって、行の在り方が問われ出し、変わるきっかけにもなったのではないかと感じてもいます。特に最近は、行の形も大学の夏休みを全部潰して行なっていたものが、大学のカリキュラムが変わり２回に分割されていたりして、行という形は残っているようですが、特別な対応もしないと継続できないものになってしまっているところもあるのかもしれません。

長年続けられてきた行の在り方が変わってしまうのだろうと思う反面、時代の流れ、と言ってしまえばそれだけのことですが、どの宗派も決められたカリキュラムをこなすことで僧侶になれるようにしないと後継者が育たない実情もあるのではないでしょうか。修行も不変ではないのです。時代に合わせ柔軟な形の取れる育成方法も創り出すべき時期に入ったのでしょう。

ただ、どんな時代にも変えてはいけないものもあるとは思いますが。

第四章　これからの仏教の在り方について

「地獄の沙汰も金次第」は、地獄だけの話ではなくなっている!?

天台宗は古い宗派ですが、やっていることが多岐にわたる上に、元々平安時代に天皇家や公家、朝廷を守るために始まっていることもあり、僧侶の数が少ないのです。天台宗門の教育を受けた後、天台宗門のお寺に勤めていたり、自分で立ち上げて、宗教法人未認可で税制の優遇を受けられない中を懸命にお寺運営をしていたりする方々を合わせても、たぶん実動しているのは1万人いないと思います。

町場だと、お寺の数は曹洞宗が1番ではないかと思います。浄土真宗は派分かれしているので。派分かれの1つ1つを別と考えた際には、宗派単体だと曹洞宗が多くなると思います。それでも一括りにした際の僧侶の数が一番多いのは浄土真宗で、10万人以上の僧がいそうです。浄土真宗は私たちのような修行がなく、法を伝えていく修練なので簡単とまでは言いませんが、私たちよりはずいぶんと短期間で僧になることができるのも、数が多い一因なのでしょう。

とにかく今は、各宗の行や修練自体も変わってきていて、私たちのした修行とはずいぶんと状況も変わっているように思います。もちろん私たち以前の行はもっと厳しかったに違いありません。世の中の移り変わりの中で、仏教はその核になるものが誰かの一言で変わってしまうというところまで来てしまっているように思う節もあります。仏教というものが、良い意味でも悪い意味でも影響力のある人、特に金銭的な影響力を持つ人に左右されてしまっているのが今の世の中であったりもします。

「今回は、あそこからたくさんお金を出してもらっているから、あの人の考えに合わせましょう」というようなことが平気で行なわれていたりもするようです。これは何も特定の宗派においての話ではなく、どの宗派においても問題視されないとならない「利権」が絡んだ力比べにもなっていて、宗教という人の生き方を支えるものとしては本末転倒、ゆゆしき問題だと考えるのは私だけではないでしょう。

私たちの世界では本来、人格者と言われる人が上の立場になるべきなのに、そうではなくなってきてもいる。より多くのお金を出してくれる、経済的に裕福な人が優位な立場になってしまっているのです。偉い人、というのは自分の名誉欲を満たすためにお金を使って権力を手に入れるような人ではない。昔は純粋にその人格の素晴らしさをみんなが認めて「この人だ！」という人を上に立てていたのに……今は本当に残念な状態のようです。

あとは、人格者というよりは知識人であることが持《も》て囃《はや》されてしまっている風潮もありますが、仏教者は知識だけではダメなのです。もちろん、知識はあっても邪魔になるようなものではありませんが、今の人はそれを前に出してひけらかしていることが多い。知識を得ても噛み砕かない人って、人に自慢することにしか使わない。

私の持論は「知識は人のために使って、初めて知恵になる」。

ただ知識を持っているだけではなく、その知識を用いて人を正しい方向へと導き、そして生かすことができる知恵者であるべきだと思っています。知識だけをつけていった人は、何の役にも立ちませんしその先へと進めようとしない。頭が良くても、人のために使おうとするわけでもなく、自分の欲を満たすために使っているだけの自己満足、言葉を選ばず言えば「自慰」でしかないのです。

まずは知識を自分のために使って、それを人に使えるように知恵へと昇華させ、その知恵を活かして、その結果として人の上に立つ立場になったのなら、今度はその知恵を人に分け与える方向に使っていかないと何の意味もない、と私は考えます。

私は大学で仏教を学ぶために勉強させてもらいましたが、大学から大学院修士へと進み、博士課程へと進もうかという時期に学長選挙の話題が出て、興ざめしたことを憶えています。

それまでは「こんな研究をしてみたい」と学問について考えていたのに、いきなり「どっち派だ?」「どっちにつく?」というような話題ばかりを耳にするようになりました。そして、最後にはそんな話を聞くのが嫌になり、研究しようと思う気持ちを失ってしまいました。

知恵や知識をたくさん身につけ、研究者としても尊敬する素晴らしい人たちだと思っていたのに「学長」という権威や名誉を得るために必死になるのを見聞きして、私は少なからず失望してしまいました。結局、そういう権力闘争みたいなものが嫌で、私は博士課程へ進むことを選択はしませんでした。

その後、しばらくして、私の学部時代の卒業論文の指導教員で、当時は専任講師だったT先生が学長に就任した時期がありました。学生時代、ものすごく怒られて「ちくしょう！　この野郎」なんて思ったこともありましたが、とても素晴らしい先生でした。「私は学長なんて器ではないし、絶対なりたくない」と言っていたのですが、最終的には周りから担ぎ上げられる形で学長になられた。最後にはきちんと収まる所に収まるのだな、と安堵したことを覚えています。

天台宗は仏教界のエリート集団？

私も宗派の教えに触れる中にあって、初めのうちは洗脳されていたように思います。どの宗派でも自分たちの教えこそが最高のものであると教え続けますが、宗派とは１つの洗脳の道具のようなもので、私自身も自分が触れて育った天台の教えが１番だと何の疑いもなく信じていました。

そうして世の中に出ていったわけですが、当時は私も自分の教えが１番だと誇りを持っていましたし、狭い世界の中で周りもみんなそう思っているので、自分たちで気づかないうちに違った意味でのエリートだと思い込んでいたのです。当初、道を求めて止まなかった時には、自分はたいしたことないからとずっとやっていたのに、いつの間にかそんな鼻の下の伸びたような仏教者になってしまっていたのかもしれません。

そんな仏教界の在り方に、特に疑問を持つようになったのは、友人から持ちかけられた相談がきっかけでした。

父を亡くした友人が、菩提寺から葬儀の読経とそれに付随するお布施として500万円を請求され、困って私に相談を持ちかけてきたのです。

何とか300万円を準備した友人がお通夜にやってきた菩提寺の住職にそのお布施を差し出すと「この金額ではダメだ」と言って帰ってしまったというのです。事情を聞き、居ても立ってもいられなくなった私は、その僧侶に変わってお勤めすることを提案したのですが、先祖代々のお墓が菩提寺にあることからそれもできず、何の力にもなれないもどかしさにいたたまれなくなりました。

しかもその友人はお墓への納骨も断られてしまったのです。

通夜の会場で繰り返し録音された読経が流されていたのを見聞きした時、私は同じ仏教者として強い怒りを覚えたのです。

祖父の行ないが教える、本当のお布施とは

そんな時に思い出したのは、私をこの道へと導いてくれた祖父のことでした。今でもよく覚えているのですが、私が3つか4つくらいの時のことです。ある日、温和な祖母が「何やっているんですか？　何考えているんですか？」と、祖父に抗議している姿を目にして、びっくりしてしまいました。あの穏やかなおばあちゃんがどうしてあんなにキツくおじいちゃんに当たるのか、と。

話を聞いていると、祖父はいつものように近所の家の葬儀に出向いて帰ってきたのですが、お布施を香典に包み換えて、その家に置いてきたらしいのです。祖母から抗議された祖父は「当主が亡くなって、あそこの家はこれから高校生を筆頭に3人のお子さんを育てていかなきゃならないんだ。月給にも当たるお金をお寺に納めてくれるのは有難いことだけど、この先路頭に迷わないように香典に包み換えて置いてきた、

それの何が悪い」と悪びれることなく反論していました。

今考えてみれば、祖母の不安も分かります。しかし、祖父のそういった毅然とした姿は後の私に多大な影響を与えたことは、疑う余地はありません。

それから年月が過ぎて、私が高校生になった時にある人が訪ねてきて、その応対をしたところ「先代の住職のおかげで大学にまで行くことができ、今はこうした会社を興すまでになりました」と名刺を差し出し、挨拶をされました。

その時に、かつての祖父と祖母のやりとりを思い出し「ああ、あの家の……」とすぐ分かったのですが、その人は「これをお納めください」と包みを差し出したのです。それを私が受け取るのを躊躇《ためら》っていると「置いていくので、後はそちらで。こういう者が来た、とお伝えください」と、包みを置いて帰ってしまわれました。

その頃はすでに祖父は亡くなっていて、伯父が兼務住職をしてくれていたので「こういうことがありました」と話して包みを渡したのですが、中には３００万円が入っていて、それを見た伯父が「香典を包み換えて置いてきたのを、先代のその気持ちに感謝して、こうしてそのお礼として持って来くれたことはとても有難いことだ。これが本当のお布施って言うんだよな」と、私に教えてくれました。

このことを思い返し、仏教の根源とは、を己に問い直し、心の中にふつふつと沸き立つ義憤にも似た感情の中で私は、自分が置かれた状況を俯瞰《ふかん》してみて「本当にこれでいいのか」と気づいてしまったのです。

「我が宗派が1番でないといかん！」というのを、今なら「そうではないだろう」と客観的にみることができるのですが、当時の私は「そうだな」と素直に思わされてしまっていました。

どれも同じ仏教なのに、宗派の違いによって差別しているのは、一般の人たちではなく、宗教者、仏教者であるだけなのだと。

ここ最近はスピリチュアルブームのせいか、新興宗教も増えていますが、私は全然否定しない派です。その人が信じて生活が豊かになったり、気持ちが救われたりするのであれば、宗教の形は何でもいいと思うのです。ただ、人を殺《あや》めたり、人を苦しめたり、人を騙したり、人を操るために洗脳めいたことをしたり、人を批判したりするような新興宗教は、宗教というものに反するのではないかと考えます。自分が良くなるのに使っているのなら、その良さを使って世の中に施すなり、恩返しをするなり、今までの感謝を形にしていけばいいのです。仏教の中では、教え方に違いはあってもみんな平等のはずで、死後に送り出す先も、呼び名こそ違えど同一の所なのですから。

諸々の宗派において、宗派の役職や特別なご大寺《たいじ》に行くことがステータスとなっていたりするようですが、真に実力があって行くならいいのですが、お金を払ってでも職に就こうとする人もいたりするとのこと。ただ、こうしたことは仏教界だけの話ではなく、どの業界にも似たようなことがあるのではないでしょうか？　お金を持っている人が実権を握って中核となる所を動かして、見えない所で権力闘争が繰り広げられていたりもします。金銭欲が満たされると続いて得たくなるのが名誉。人間とは浅ましいものです。政治の世界では金脈政治と言いますが、まさに「金脈宗派」。トップ上納者や裏でお金を回せる者がその支持を得るために票を買い、それに伴い権力を握れるように椅子をあてがわれたりもしているようです。

さて、上げるお経や手法に違いはあっても、究極的には同じことを伝えているはずなのに、狭い世界の中で「こちらが上」なんて言っている場合ではないのです。今私たちが置かれている状況は、決して、真に良い状況とは言えないと、早く気づくべきです。

一般の人の心が仏教から離れてしまわないうちに、これからは古い宗派であろうと新興宗教であろうとみんなが団結してやっていかなければその先の未来はない、という危機感を共有し、今すぐ改善の行動を起こさないと、廃退はすぐそこまで来ているのです。

今は輪廻転生のスピードは速くなっている

仏教には輪廻転生をする、という考え方がありますが、人は死んだらそこで終わりではなく、元々全て一つであった世界に帰っていくだけなのです。そこに送り出すまでに私たち仏教者はいろんな作法や経、言葉を用い、その成就《じょうじゅ》を後押しします。それを「引導《いんどう》を渡す」というのですが、あくまで元々全て1つであった世界に戻っただけで、決していなくなることはない。仏教では「極楽往生」つまり「往って生きる」のです。亡くなった人もあちらの世界で生きていて、ただこちらの世界で死んだという物理的、肉体的な現象が起きているように見えているに過ぎないのです。

こうして仏の世界（全て1つだった世界。魂の場。愛だけの処。）に送り出すわけですが、その世界は全てが1つとなった霞のようなもので、仏様もいれば、神様もいて。我々の御霊《みたま》もただ戻っていくだけなのです。いろんな存在が、あちらの世界では一緒になっているのです。

私たちは故人をそこの世界に送り出す（無事に戻っていただく）ために、与えられ、そして学んだお経を唱えさせていただきます。その時には「あちらの世界でまた1つになるのかもしれないけれど、あちらの世界でいつも温かく見守っていてくださいね。こちらの世界で生きていた時のあなたたちの行ないを手本として、または反面教師として使って、世の中の方たちと関わっていきますから。あなたたちはまた、別の世界に行って、違う場面でこちらに帰ってくるかもしれないけれど、せっかく親であったり子や孫になったりと縁を戴けたんだから、与えてもらった良い部分を私たちが世の中に広めて役立てていきます」という思いを込めているのです。

そして、そこの世界からこちらに戻って来る時はリセット、つまり記憶を全て消された状態になっているため、また1からリスタートすることになります。

そしてまた、新たに目にしたり耳にした良いものや素敵なもの、または愛おしいものだけを世の中の人に使っていくことで、やがて諍《いさか》いや争いがない世界が創られると思うのです。

今はこうした生まれ変わりの速度が速くなっていると私は感じます。

地球の総人口がどんどん増えているので、より良い世界を築くためのグレート・リセットというものが、全て1つの世界の下には仕組まれていて、いろんな意味での抑制に入ろうとする、超自然な力が働くのではないかと思うのです。

地球という星は自然によってできているものなので、抱えられる生命体は限界があるはずです。だとすると、この中で過ごせる人間の数というのはどれくらいなのか、というのもちゃんとその仕組みの中で決められていて、その数まで篩《ふるい》に掛けられて減らされていくことになる。地球上では、そういうものが支えられないというのが分かれば、別の星に移っていく生命体もいるだろうし、強制的に持っていかれる生命体もあるだろうし、違う生命体になってしまうかもしれない。そういうふうに動いていると思うのです。

日本の総人口も100年後には、今の半数以下の5000万人を割り込むだろうと言われています。ここに移民を受け入れていくと、その人たちが信仰している宗教も入ってくるので、既存の日本の宗教もうかうかしていられない。

そうなる前に、仏教の本当の意味合いを人に伝えていかなければ「あれ？　坊さんが葬式やってるの？　仏教なんて最近はあまり見かけなくなったのに珍しいね」と言われるような状況になってしまうと思っています。既得権益だけに固執する今の仏教界の考え方ややり方では廃れていくだけです。たとえわずかに残ったとしても、仏教伝来以来、日本の国政を整えてきたような本山級みたいなものは残るのかもしれませんが、町寺は今のやり方でいたなら絶対に残れない。

「お寺を残すため」と言いながら、私利私欲に走り、自分たちの生活を守るために仏教の教えを悪用している僧侶が本当に多くなってしまった。仏教の本来の在り方である人の心に寄り添う気持ちもなく、人のために何かをしようとする人はどれだけいるのか。もうこんなのは仏教でも何でもないです。

まずは、命あるものへの感謝。私たち仏教者が、これからも死後の担いをさせていただこうとするのであれば、まずはそれをさせていただけることに感謝をすべきです。相手は私たちを頼りにしてくれているのだから、それを本当に有難いことと思わなければならないと思います。

それを「やってやってるんだ」という仏教者は、この先は残れない時代に必ずなります。「こんな金額じゃダメだ」などと言って、目の前の遺族を放り出して行くような僧侶は間違いなく淘汰《とうた》されていくはずです。

ただこうしたことに気づき、なかには「幕末」という思想を持つ人たちもいて、仏教を活性化させたり、変革しようとしたりと行動する若い世代の仏教者も少しずつ増えているのです。

今変わらないと、仏教に未来はなくなるのです。

仏教界の中で、お金や権力にものを言わせてトップにのし上がってきたよう人たちは、既得利権にぶら下がって、本来の仏教の在り方を忘れてしまっているのではないかと思われてなりません。自分たちの利権を脅かすような考えを持つ人を排除して、自分のポジションにしがみつくことしか考えていないように私の目には映ります。しかし、そうして手に入れたポジションもいつまでも続くものではないのです。

祇園精舎《ぎおんしょうじゃ》の鐘の声
諸行無常《しょぎょうむじょう》の響きあり
沙羅双樹《さらそうじゅ》の花の色
盛者必衰《せいじゃひっすい》の理をあらわす
おごれる者も久しからずや
ただ春の世の夢の如し
たけき者も遂には滅びぬ
ひとえに風の前の塵《ちり》に同じ

これは『平家物語』の冒頭ですが「この世は絶えず変化していくもので、どんなに勢いがあるものも必ず衰える。今は栄えて得意になっている人も、その栄えはいつまでも続かない」という意味です。

今の仏教界はまさにこれなのです。

でも、仏教界の荒廃ぶりに気づき始めている人たちは「今のままではまずい」と考えています。特に若い世代の人は「俺らは違う道で、違うことをやろう」と動き出しています。

老害、と言っては語弊《ごへい》があるかもしれませんが、こうした存在によって、仏教界も若手が上に上がっていけない構造になっていて、おかしいなと気づいても大きな声を上げることもできない。それでも自分ができないことをやる人をやっかんで潰そうとするから、余計におかしなことになってしまう。「僕も潰されています」と若い世代の人から話を聞くことがありますが、自分の地位を守るために下を蹴落とそうとする世代は、本当は1番活躍してもらわなければならない人たちを虐げていると、いち早く気づくべきでしょう。

仏教界だけでなく、こうした構造を変えていかないと、国そのものが沈没してしまうのではないかと強い危機感を覚えます。

しかも、そう遠くはない未来に人口は減少し、日本も必ず移民を受け入れないと国が立ち行かないという事態が生じてきます。そうなった時に、新しい宗教ができるのか、全部を統合した新しい神様を崇めることになるのかは分かりませんが、日本の宗教はめちゃくちゃなものになる可能性があるのです。

第五章　これからの日本人の在り方について

人もまた変わっていかなければならない

今、本当に変わるタイミングなのではないかと思っています。特にここ最近の新型コロナウイルスやそれまでも様々な自然災害や人災、騒動があって、何かが少しずつおかしくなってきていると思われてなりません。

日本という国は第二次世界大戦が終わった後の高度経済成長期に人口が急激に増えました。お金というものが世の中の流通を支える手立てになって、お金さえあれば何でも手に入る、と思うようになってしまった。「いや、オレたち何かは大切なものを失っていないか？」と気づかされた時は、昭和が終わり平成・令和の時代になってしまっている。

「お金よりも大切なものがありますよね？」と私は言いたいのです。そういうものを全て、古い時代の中に置き忘れてきてしまっているように感じるのです。

「お金より大切なものはなんですか」と、私はよく人に聞きますが、たいていの人は「心」や「愛」と答えます。しかし、それがどんなものかと聞くと「よく分からない」と答えた上に、目に見えないから分からないと言う。

でも、心遣いや心配りというものは見ることができます。ホテルに行ったら部屋は整っている、レストランでは椅子を引いてくれる係の人がいる……心は見えませんが、心配りや配慮してくれている心遣いは見えるわけです。そこに私たちは常に「ありがとう」という感謝の念を持っていなければならないと思うのです。

今この日本に生まれて、この場所にいて「ありがとう」と言えることはものすごく「有難い」ことを忘れないでいただきたい。世界中に多くの国があって、その中から日本に生まれてくる確率はかなり低く、過去や未来ではなく今この時期に生まれてこられる可能性も決して高くはありません。そんなたまたまの偶然が重なり合って、今、目の前の命が存在しています。今、ここにある命は全てが貴く有難いものなのです。

あることのほうが難しいということに気づくと、自分の命がどれだけ稀なものかが分かります。そして、父と母が生まれてこなければその人の命もない。その父と母もまたそれぞれの父と母が……というふうに先祖にどんどん返っていくわけです。

でも、先祖というものは私たちからすれば無尽蔵にたくさんいて数知れない。それまで人間が増えていったら、全部1つになっているはずで、先祖は必ずどこかで繋がっていると知れば、諍《いさか》うこともないのです。

私も魂は1個、1個だと初めは思っていましたが、本当は1つの所にずっと本体があって、そこに私たちは常に繋がっていて、いつでも帰れる状態にあるのだと覚知しました。みんなそこから命を戴いて生まれてきているので、そこへ「帰っていける有難さ」というのを、私たち仏教者は伝え続けるべきだと思っています。

私は神様のいる世界はみんな、その存在が光や波動のようなものだと思っています。でも「そんなものは神じゃない」と、人は考えていることが少なくありません。人は目に見えるものしか信じようとしないので、たとえば「神とはこういう姿だ」という分かるものがないと信用しない。だから仏像といった目に見えるものを作るようになったのです。

仏陀（お釈迦様）も、仏の姿をした像は作ってはならないと諭していたのですが、そういうものがないと仏教というものが信じられない人が、後々増えていった。私たち仏教者が使っている位牌や法名軸《ほうみょうじく》などは、そこを通して、大切な人や自分を感じられるための疑似的なものであるのに「作らなきゃダメ」といつの間にか思い込まされてしまった。私はこうしたものはなくてもいいと思っています。いつでも、どこでも、どんな状態でも、自分の父母、先祖に繋がれる自分が在るのなら、別にそんなものを家に置く必要がないし、寺に行く必要もありません。

ただし何度も言いますが、仏像や位牌などがあることで先祖や近しい故人様と、仏様という存在や仏教という教えが感じやすいと思うのであれば用意していただいていいのです。

姿は見えないかもしれませんが、私たちが良い方向に動こうとすれば、神様が私たちの背中を押してくれているのです。しかし、そういうものに気がつかない。こうしいますた気がつかない人たちは、不自然なもので囲まれた暮らしの便利さに慣れてしまっています。

何万人という観衆の中で音楽を聴いたり、講演を聞いたりとする機会が何度かありましたが、そこが一体感になるというのは、すごい力が働いていないとならないのだと思わされました。舞台に立つ有名で素晴らしいミュージシャンや有名な弁説が立つ人の凄さだけではあんなふうにはならないと。周りの人の凄さがあって、それが1つになっていくような感じがしました。何でできるんだろう、何でなれるんだろうなと考えたのですが、そこに人が集まるような何かを、神様の世界、仏様の世界から与えてもらわないと、そういうことは起きないと考えれば不思議はない。そして、御霊《みたま》が帰る、全てが1つの場所というのは、あんな一体感のあるものなのではないか、と感じてもいます。

御霊の帰る場所には神、愛というものが在って、私たちもそちらに行けば1つの愛や光になるのです。

しかし、個々、個別が出てこないと、元が1つのものであったことすら分からないので、分からせていただくために、この世で生きる一人ひとりの人間として、個々の命を戴いて生まれてくるのでしょう。元は1つのものでも、別々のものになって生まれてくるのでウマが合う人、ウマが合わない人が出てくるのは致し方のないことです。1つだったということをみんなが分かれば、殺し合ったり、憎み合ったりする必要なんてないのです。生まれた時には前の記憶は消されているので、また初めから経験していく。今回は何の誰兵衛って名前を付けてもらって、こういう命を戴いて、こういう性格で、こういう在り方で、というのを、今度は自分で作っていくしかないのです。それをどう使って周りの、多くの役に立っていくかを考えるそのことが、自分のために今世を生きる、ということだと思います。自分なりに生きたものを人のために使って役立てていけばいいのです。

人の命も自然の一部。今私たちが試されている。

人間の命もまた自然の一部なので、自然回帰というか、原点回帰していかなければならないと思います。

私たち人間は、これまで自然を破壊しながら生きてきました。そこを修復して、元の状態に近づけていくという作業に入らなければ、天変地異のような想像もつかないような状況に追い込まれることになる。最近の異常気象や大地震、新型コロナウイルス騒動も異変の予兆かもしれません。あるいは、戦争を起こして利益を得ようとしている人たちの思い通りにされて、また殺伐とした世の中に作り変えられてしまうことも考えられます。

私たちは今、自然を守っていくためにどう行動をしたらいいのかを試されています。

これまでは自分たちの生活を便利に、楽にするために、自然破壊に繋がるようなことを平気でやってきて、そこにお金を注ぎ込んできたのが人間です。それがいいものだと間違った情報を信じ込まされていることにも気づかず、使い方を間違ったら人を殺せてしまうようなもの（言葉も含め）を平気で使い続けているのです。

これでは、人に感謝をすることはもちろん、その心に寄り添うことなんてできるはずがない。それどころか心の在り方が悪い方へ向かっているとも感じています。だから、自分のことなど見えるはずがないから分からないと、ネットで人を誹謗中傷して、自殺に追い込んでしまうような事件も起きてしまう。

目に毒、体にも毒、心にも毒という不自然なものが多く拡散されているのに、それがいいものだと人は洗脳されてしまっているのが今の世の中だと思います。

たとえば、新型コロナウイルスのワクチンは不自然なものを体に入れるという意味では基本的に人体にいいものではない、と私は思っています。

新型コロナウイルスのワクチンは、元々結核菌から精製した蛋白質の混合物であるツベルクリンのようなワクチンを薄めて打っているものとは違って、ｍＲＮＡ（メッセンジャーアールエヌエー）という人工物。そんなものを体に入れるのは、不自然でないわけがない。多くの人たちがそれをやって世の中が平定していくのかというと、そんなことありえないわけです。これから先のことを考えると、未来殺人にもあたる行為であると思えたりします。そういったものをお金儲けのためだけにやっている人たちが生きている必要があるのか、とも思いますが、今までを生きた人間として、これまでを振り返ったら、様々な艱難辛苦《かんなんしんく》もあったものの、とても有難くも楽しく、そして好きなことをさせてもらった人生だったとつくづく思い返されます。この先に生まれ来る命のために、この不自然を受け容れるべきでは、とも思い始めています。

未来の人たちは、未来を生きる権利があります。その人たちの権利を奪って、自分たちが今生きるためにそれが必要だとほとんどの人たちがごまかされて、洗脳されている気もしますが、そのように洗脳できる立場にいる、財政力のある人たちに対して、どうしてもっと自然に沿って生きようとしないのか、ということをみんなで訴えていくべきだと強く思います。ただそういった行動をすることで、周りの人たちに違ったた迷惑を及ぼすことを考えると、私でも躊躇してしまっています。難しいです。人と人との中で生きるのは。

ただし、自然や人、そして人の心を破壊するようなものは、1度全てリセットして排除すべきだと私は思っています。ものはないけれど、心は豊かであった、かつての「古き良き時代」のように、世の中を不便にすればいい。

自然の生物を戴きながら私たちは生きているので、自然を大切にしなければ、人は食べ物も作れない。そうすれば、自然の有難さが分かり、大切にしていこうという気持ちが自ずと湧いてくるのではないでしょうか。今の日本の一次産業というものを、もっともっと大切にしていくべきだということにみんなが気づかないといけないのです。

以前、世田谷の寺に勤めていた時に役員の人が「少し古い話になるが、俺らは野菜を作って、都心に売りに行って買ってもらう。その対価に何をもらって来たと思う？」と私に聞いてきたことがありました。「その対価に肥溜《こえだ》めから肥をもらってきたんだ。

食うために物々交換で、みんなの排泄物をもらってきて堆肥にして、これで自分たちは野菜作ってきたんだよ」。

この時は、すごい話だな、と思って聞いていましたが、それが自然界では当たり前のことだと後々気づかされていく。今は野菜を作るために、手間がかからないからと化学肥料や化合物を使っていますが、これは不自然なもの。そんなものを使って栽培されてきた物を私たちは何も考えず食べているのです。これでは人が健康で生きられるはずがない。今は、こうした不自然なものを手放していかないといけない時なのです。最近は、無農薬や減農薬で僕らの命を守ってくれようとしている農家さんも増えています。本当に有難いことです。

しかし、それを評価しない大量生産・大量廃棄を行なう政策を未だに続ける管理組織が実権を握り続けるのも仏教界に似た構図を示して居ます。

座禅は足し算ではなく、引き算。余計なものを捨てていく作業

私もこれまでファストフードなどを当たり前のように食べ、大好きなお酒を長年の間飲み続ける、まるで長期間かけての自殺行為のようなことをしていましたけど、アラフィフを過ぎて、アラカンに向かおうとしているこの歳になると、こういうものを食べたり、飲みすぎたりしてはダメだと考えるようになり始めました。（未だにやってしまっていますが……）

友人の紹介で知り合った二本松のS先生から「もう、それだけじゃだめで。入れるものから変えなきゃダメだよ。あとは外からのもので、パワーストーンを置くと、浄化もしてくれるし、いい波動に変わるから。林さん、足し算じゃないんだよ。引き算なんだよ」と教えられたのです。これはまさに、座禅の法則と同じだなと気づかされました。

座禅は自分の心の中に出てきた余計な物を捨てていく作業、つまり引き算で、足したらダメなのです。

人間は必ず煩悩が生まれるので、そういうものが出てきたらそれを「そのままにしておけ」と言われるのですが、そのままにしておけないので、取って捨てていくしかないように思ってしまうものです。考えないようにしよう、と考えることもしない。考えないと考えない、見ないように見ない。翻《ひるがえ》って自分の内面をじっくり観ていった時に、それで初めて気づくのです。考えないことや見ないことに執着しているな、そういう欲でこういうふうにしている自分に気づかされるのです。

たまたま私が通った道が天台宗という座禅の教えも包含している宗派ですが、教え方や伝え方が違うだけで、良いことというものは突き詰めればみんな同じであることを示唆《しさ》してくれています。

私は座禅会もするのですが、座禅とは本来「广《まだれ》」がつかない「坐」という字を使います。坐禅をするのは場所を選ばないので、険しい崖の上や暑い太陽の陽射しや雨風を凌ぐ場所がない地面の上であっても、場所は選ばず取り組んだ、と言われますが、現代の状況下にあって建物内で取り組めることを有難くいただくようにと、私の場合、あえてマダレ付きの「座禅」と書くようにしています。

「广《まだれ》」は、元々建物の屋根をかたどった象形文字で、家の屋根を表していて、「座」だと建物の中、「坐」だと屋根の有る無し関係なく座ること。

「座禅会」と銘打って行なう時には、必ず建物の中で開催することとしているので、とても快適な環境の中でできるわけです。暑くもなく、寒くもない状況で、電気がついていて、エアコンがついていて……座禅会をやるためには、まずは土地があって、その上にこの建物を建ててくれた人たちがいて、この建物を維持管理してくれる人たちがいて、そして会を運営サポートしてくれる人がいるということなのです。

土地にはもしかすると、はるか昔にそこで亡くなった人が礎となって眠っているのかもしれません。建物を建てるためには、プランを立てる建築家や設計士、実際に現場で作る大工さんや職人さん、そしてその素材となる資材や住宅機器を作る工場の人がいるわけです。清掃やメンテナンスをしてくれる人がいて建物が維持されますし、会を企画して人を集めたスタッフが当日に運営をサポートしてくれて、初めて座禅をすることができるのです。

そういう環境を作ってくれる人たちに対して、常に感謝の心を持つべきではないでしょうか。だから私は、あえて「座禅会」とするのですが、これは「そうした人や物、環境、時、そういった全てに対する感謝を忘れていませんか？　その感謝の気持ちを持つことができるよう、あえて座禅会にしているのですよ」という私のメッセージが含まれています。

座禅とは引き算、手放していくこと。苦しみも、今喜びに浸っているすごくうれしいといった感情も置いていくことで、フラットになる。悲しみや苦しみ、そして喜びや高揚している自分にも執着しないために、要らないものは全部引き算してしまって、フラットな自分で生きていくということを、もう1回取り戻すためにその場でそういった感情や思いのすべてを置いていけばいいのです。

手放す。手放すために座禅に来てほしいのですが、何かを得られると考えて来る方が多い。手に入れたいという欲が先にあって、それを手放せないから本当の自分に気づけないし、自分以外の人のことにも気づけないし、気を配れない。そして、その人の集合体である国が本当はどういうものであるのか、本当の経済とは何かということにも一向に気づけない、いや気を配ることすらしないので、気づくはずなどないということです。

まずは感謝、それに気づけたなら、余計に持とうとせずに次の人へと残していくことも大切な気づきとしてもたらされる。

そうすることで初めて「今のままだとダメだ」と思い始められる人が、少しずつ増えてきているようにも感じます。人にとって、何が本当に大切なのかということをみんなが気づき始めてはいるものの、「今まで」を変えるのは実は本当に大変です。大きく変わると書いて大変。それには「手放す」を覚えることがより大切になってきます。

イソップ童話の『北風と太陽』でたとえると、これまでは力で無理矢理コートを脱がせようとしてきたと言えると思います。

北風のように、強く吹き付けるというのは、ある意味、脅したりあるいは騙したりと、悪い力を力ずくで使っているようなもので、何をやってもダメなのです。目の前の人の心を頑なにさせるだけでしかない。

しかし、太陽のように温かく優しく照らしてあげれば、人は自発的に重いコート（こり固まった心）を脱いでくれるのです。冷たさや辛さを怖れることなく、支えになる人としてただ側にいてあげられれば、その人自身の心がいい方向に開かれ、心も自然と穏やかになります。

人はもっと良いものに触れたり、親しんだりする機会を増やせばいい。最近は鬱など心を病んでしまう人が多くなっていますが、悪いものを取り除いて、良いものだけを残していくことができれば、自ずと心の平穏を手にいれることができると、私は確信します。

自分たちが暮らす国を良くするために

日本という国でしか暮らしたことがないので、他の国のことは分かりませんが、国を憂い、愛する思いというものは、そこに命を戴いたというところから全て始まるのだと思います。この国に選ばれて、この土地に生まれてくるのは、偶然ではなく必然と捉えることで、更には、全てが1つであるという原点に回帰することができるものだとも思います。同じ時期にアメリカに生まれる人もいれば、アフリカやヨーロッパの国々に生まれる人もいるのですから、今この時に日本に生まれてくる可能性は確率としては限りなく低い。

そして、公用語として日本語で意志を伝え合わせていけるのって、すごく稀なことだと思うのです。しかしながら、時期が違えば会うこともありませんし、違う国に生まれれば言葉が違うので聞くこと、伝えることさえできないかもしれません。

そういうものをたくさん私たちは戴いて日本に生まれてきたのだから、自分の国や土地、世の中のことについて考える責任があると思うのです。私はここに辿り着いて仏教という教えを基に、今まで生きてきた経験を重ね合わせて、みんなで幸せになることを伝えさせてもらっているだけです。仏教という教えに近いところで生きてこられたので、皆さんの生き方の支えとして、どう使っていただくのがいいか、ということをもっともっと深く探って生きるべきだと考えてもいます。

国を構成する最小単位が人なので、国を良くするためには、まずはその一人一人が良くなっていくことが不可欠です。せっかくここ、日出ずる国、日本に命をもらったのですから、その国を愛する心を持つべきだと思います。そして、その愛するもののために、一人一人が良い行動をとれば、必ず国は良くなっていくはずです。

国を守ろうとするのではなく、自分自身で創っていくのだという意思を持って動けば、今よりもっといい国になっていきます。

よくするためには、足りないものは創り出すしかないのです。

思う、考えるという力が人間に備わっているのは、創り出す＝創造するためなのですから。

今まであったものにも、もちろん感謝をしながら、それを生かすために不足していると思われたなら創り出せばいい。ただ、砂上に城は築けないように、要らないものをまず排除する。不要なものに気を取られないように、なくしてしまったほうがいい。それが手放していくこと。気を取られすぎていることがあるなら１回離れる。そうすると元の状態に戻れるのでそこから創り出していけばいいのです。

仏教ではよく中庸《ちゅうよう》、中道《ちゅうどう》と言います。中庸、中道というところをどう目指すか。善は悪に寄る必要は全くないので、寄ってしまっても戻る場所を覚えておけば、そこが真ん中の柱だと分かるものです。

国もそうだと思うのです。どこに柱を置くか。国とは人ありきで物事が動いているので、この「人」の中に何を置くか、なのです。国体とよく言いますけど、体《タイ》、体《からだ》、要するに体を持つ「人」だと思うのです。人体を作っている真ん中の要素は脊椎で、そこを整えることによって体のバランスが良くなるのです。

同じように、この国を良くするためには、芯になるべきところをそれぞれがしっかり捉えて、この国がどうしていったらいいのかというのをしっかり考えながら、身になるところ、肉になるところというのも足して、作り上げていけばいいのです。

面倒くさいからいい、ということではなく、しっかり考える。考え尽くして出てくるようなものでないと、それは知恵にならないと思います。他から情報として得た知識は、使っていけるものに変えていくことによって知恵に変わる、と私は考えています。

そこの部分をにわか知識でごまかすなんてことにならないように、足らないと思ったら創り出すしかないし、行き過ぎたなと思ったらそぎ落とすしかない。でも、真ん中に残るものって何なのか、と言ったら、それが心。真の心、「真心」だと思うのです。

第六章　感謝する心をとり戻し、心豊かな人生を過ごす

人に対して感謝する気持ちを失ってはいけない

今の人たちの価値観は、経済に完全に偏重してしまっていると、私は思います。昔は寺に上がってくるものも金銭のお布施じゃなく、農家さんのお米や野菜だったのが、明治維新で日本が開国して海外から入ってきた金融政策によって対価が「モノ」から「金銭」にすり替わり、第二次世界大戦後のＧＨＱの政策で、それが急激に加速していったのです。

僧侶というのは、労働対価としてでなくお布施されるのですが、昔は「死んだお父さんにお経を上げてくれてありがとう」とお米をもらっていたものが、今では「お気持ちで（払ってね）」とお金を要求するようになってしまった。

昔はお寺に対して奉仕をしてくれる人が、檀家さんの中にいたのですが、毎日寺の掃除をしてくれたり、役員として寺を支える方々をまとめてくれたり、また、寄進という形で寺に貢献してくださった方に対して、戒名に院号を附して、その功績に謝意を示していたのですが、今は金で買える時代に、買わされる時代になってしまったと思い込まされています。

金、金、金……お金で何でも買えると人は思ってしまっていますが、人の心はお金で買うことはできません。こうした気持ちをもう1度今の日本人は取り戻さないといけないのではないでしょうか。

話は変わりますが、昔、たとえば人気の和菓子屋さんがあって、ものすごく繁盛しているのを見て「じゃあ、うちも同じような名前を付けたらお客さんが増えるんじゃないか」と似たような名前にすることがよくありました。「本家」「元祖」と付いている所などは、そうした歴史がどこかにあったのではないかと思われます。

先に出していたお店がお客さんをとられて「うちの真似じゃないか」と抗議しに行って揉めたら、話し合いで解決されていた時代があった。当事者同士だと、感情が入り交じり冷静になれないような時にも、その地域で尊敬されている庄屋さんのような人が間に入って、落とし所を探ってくれたりして「私の顔を立てて、ここは1つおさめてくれないか」といった話をしてくれていたのだと思うのです。

しかし、そういった解決も今は「お金」なのです。私の会社が商標を持っている「おぼうさんどっとこむ」が侵害されトラブルになったことがありました。「おぼうさんどっとこむのほうから来ました」という人に葬儀を依頼したら高額な費用を請求された、というクレームが出てきたので、皆さんの迷惑になってはいけないと思い、最終的には専門家である弁護士の先生にお願いすることにしました。依頼し相談していく中で「林さん、そこの尺度はお金なんですよ。お金で言うしかないんです」と言われ、私は何も分かっていないと実感させられました。私としては、勝手に名前を使っているのを取り下げてもらい、迷惑をかけてしまった人たちに謝ってさえもらえればそれでよかったのですが、和解の尺度も金額で示すべきものなのだと、この時初めて知りました。

日本は訴訟大国と言われるアメリカに比べると、こうした商標に関するものや著作権などを提訴する、ということはそれほど多くなかったものの、最近は何かあると「裁判だ！」という流れになってしまっている。昔は話し合いで解決していたちょっとした近隣トラブルでも訴訟を起こす人がいたり、それならまだいいほうで「子どもがうるさいから」と殺人にまで発展するような悲しい事件も起こるようになってしまった。人を許してあげられるおおらかな心があれば、こんなことにはならないはずなのに、このあたりも日本人の在り方がおかしくなってしまっていると思わざるを得ません。

戦後の日本には、海外から物だけでなく文化も流入してきました。暮らし自体が欧米化し、核家族化が進む中で、日本人は多くのものを失ってしまった。それは日本人が本来持っていた優しさや人を許す心、支え合いの精神などのことです。このような日本人らしさを失くしてしまったことで、今の日本人はその心の基本である感謝の心さえ失いかけています。

命あること、国があること、そして私たちが同じ言葉で同じ地域で同じ時間に話せているということは、とても有難いことだということに気づいてほしいのです。人に感謝する心だけは失ってはいけないのです。

父と伯父から与えられた「ありがとう」の心

自らの命で私に道を示し、最後に私を励ましてくれた父は、いつも「ありがとう、ありがとう」と口癖のように言っていた人でした。片方の耳は完全に聴力を失い、反対の耳には進行性難聴という重い聴覚障がいがあった父は、わずかに聴力の残る右耳に最大音量の補聴器を装着しないと全く音が聞こえなかったため、そうした自分に気を遣ってくれる人たちに対し、いつも「ありがとう」が口癖になっていたのではないかと思います。

世の中にはいろんな人がいますから、中には父に対して嫌味を言う人もいたのですが、そんな人にどんなことを言われても父はいつも「ありがとう、ありがとう」と返事をしていました。それを見て、本当はあまり聞こえていないのではないか、と考えたりもしたものです。

そんな父が一度だけ、激怒したことがありました。原因は、ある人が父の父、つまり私の祖父の悪口を言ったこと。自分のことは「ありがとう、ありがとう。心配をさせて申し訳ない」といつも言っていた人が、祖父のことで突然烈火のように怒り出して、胸倉つかんで殴りかからんとする勢いで向かっていったのです。

その時初めて分かったのです。この人は実はちゃんと聞こえていて、自分に対する嫌味にも「ありがとう、ありがとう」と言っていたことを。あるいは、そんな嫌味さえも受け入れて、今自分が生かされていることを心から感謝していたのかもしれません。その生き様で感謝することの大切さを私は教わっていたのです。

そんな父と同じくらい、私が感謝しているのは父のすぐ上の長兄である伯父です。その伯父もまた、父とは異なる感謝の心を私に示してくれた人でした。

その伯父は、とにかくよく怒鳴る人で、私が40歳を過ぎても叱ってくれたのはこの伯父一人でした。

伯父が亡くなった当時は、すでに私が会社を興していたために葬儀への参列を断られてしまい、一人偲びながら伯父を思い返したのです。

怒鳴られている時は正直「何言っているんだよ」と反発することも、その言葉を素直に聞き入れられないこともありました。ただ、振り返ると私が進む道や考え方を間違った方向へと行かないように、諭してくれようとしていたのだと気づいたのです。きっと、私のことを思って嫌な役を買ってくれていたのだと思えるように、ようやく50を過ぎてなれました。

そんな伯父には、今は感謝の気持ちしかありませんが、今頃は「怒鳴って悪かったな。もっと分かりやすいように説明すればよかったな」と謝っているかもしれないなと思う時があります。それは伯父を思い、手を合わせる時に感じる、私の心に下りてくる伯父の苦笑する顔に投影されているので、私にしか分からないものですが。きっとそうに違いないと確信しています。ありがとう、伯父さん。

最近の人は感謝の心が少なくなってしまった

私は幼少から大学に入るまでの間、大家族の中で育ちましたが、小さな頃から全てのものに対して「有難いことなんだよ」と、いつも祖父母に教えてもらっていました。父母や伯父伯母、そして祖父母に感謝するということをいつも教えてもらっていたために「ありがとう」と言うことは私にとっては、至極当たり前のことだったのです。

私はお店を出る時には、いつも「ありがとうございました」と言いますが、それが普通だと思っているのです。

ところがそれを見て「なんでこっちが金を払っているのに、ありがとうなんて言うの？　おかしいよね、ありがとうってこっちが言われるものじゃないのか？　こっちは金払っているんだから、何やったっていいんだよ」と言った友人がいました。

私にとってはとてもショックな言葉でしたが、今の人たちは、こういう当たり前のことを教えてもらっていないのか……と逆に可哀想に思いました。本当にこの国は感謝が少なくなってしまっている。「全てにおいて感謝」を親も教えていないし、金を払えば何をやってもいいと思っている、それが今の日本なのだと痛感しました。

しかし、祖父母と同居していない家では、こうしたことを教えてもらえる機会がなく「ありがとう」「ごめんなさい」が言えなくなってしまっている人が増えているようにも思います。

ものの価値は、決してお金だけで計れるわけはなく、何でもお金で買えるわけでもありません。人の心はお金では買うことができませんし、動かないものです。

高度経済成長期以降、確かにものは豊かになったのかもしれませんが、人は何か大きなものを失ってしまったと思います。人の優しさや人を許すことという、日本人がかつて大切にしていた心の部分が完全に失くなってしまわないうちに、私が楔《くさび》を打ち続けていきたいと強く強く思っています。

亡くなった人の感謝の気持ちを伝えるお役目

先日12年ぶりに法要をご対応させていただいた方がいたのですが、前回は葬儀の前の枕経《まくらぎょう》しか行けなかったこともあり、特に宗派にもこだわりのないお客様だったこともあって、今回は私が伺わせていただきました。ご主人の十三回忌だったのですが、奥さんがどうしているのか、というのがとても気になっていました。枕経の際には、ご主人が現役で亡くなられたということもあり、ひどく動転していて、とても心細そうだったので。しかし、12年ぶりの法要の際に会った奥さんは元気そうで、久しぶりに親しく話もできて安心して帰路につきました。その後、奥さんから私宛てに手紙が届いたのです。

息子、娘たちもここまで成長して、それぞれ自分たちの子どもを持つまでになりました。

「感謝を親が口にしなければ、子供たちは口にしなくなりますよ。そして親として失礼なことをしたら、子どもにも謝っていますか？」という話を聞いて、今は親となった息子と娘たちとも感謝ということについて話し、家族それぞれに感じることがあったと思います。

食事の時に林さんにもお付き合いいただこうと思ったのですが、新型コロナウイルスが流行している時なので、失礼してすみませんでした。

その手紙を読みながら「感謝のことを口にしていたのか」と、自分に問いかけたのですが、恥ずかしながら実は何を話したのかを私はあまり覚えていなかったのです。その時に、故人が私を媒介にして、今現在の子供たちに「感謝」という言葉を伝えたかったのだと感じさせられました。

法要の際に、短時間でも必ず法話を添えさせていただくのですが、私が話を選んでいるつもりでも、実は故人様からや先祖のどなたかにどんな話をするのか選ばされているだけなのかもしれない、と毎回思わされてばかりです。

他の人はどうか分かりませんが、私の場合、素のままの自分、または媒体でいいのだ、と思ったらスムーズに話が出てくるのですが、お釈迦さまはこんな話をしたという内容のものだと言葉が詰まったりしてしまうようなことが時にあります。

やはり直接会ったことがない人の話をするよりも、私や故人様からの言葉をそのまま伝えるほうがいいのではないかと思い、今はそうしています。お釈迦様もたぶんそう言ってくれているはずです。

今の時代とお釈迦様が仏教を広め伝えた時代とは全く違うので、今の時代に合った話をしていければいい、と思っています。そして、今回お手紙をくれたご遺族のように、その話を遺族が受け止めて、皆さんで考えてもらう機会にしてもらえればいいと心から思います。

「あまねく」感謝の心を伝えること

ある時気づくと、寝てるあいだも、目が覚めている時も、ずっと左耳に「あまねく、あまねく……」と、誰の声とも分からない、声の主は不明ですが、ゴチョゴチョ言われている時がありました。私はこれを夢だと思っていたのですが「うるせぇ、分かったよ」と思ったら、目を覚ましてもその声は聞こえているのです。

やがてその声は「あまねく」から「なみのひ、なみのひ、ならびのひ」に変わっていたのです。

「なみの日」は「並の日」、つまり「当たり前の日」ということで、そして「並びの日」は毎日のことでしょうか。並の日、当たり前の日、普通の日が、毎日続く有難さ、それが「あまねく」という意味なんだよ、と何となく伝わってきました。更には「並」＋「日」と縦に重ねて書けば「普（あまねく）」だったのです。

「あまねく」とは、広く全てに行き渡らせる、という意味なので、この二つの言葉を組み合わせると「並の日でいいんだ、最高の日、最低の日じゃなくて、並の日。それが毎日並ぶ。そういう日々を過ごさせてもらっている事に、まずそこもう、感謝でしょ。それも広く、あまねく行き渡らせよ」ということになるんだと。つまり「それを行き渡らせる、並の日。何も最高の日とか、失敗の連続で最悪の日じゃなくて。そういうことの連続、並の日が連続していくことが、どれだけ有難いか。感じなさい、それを世の中に広く行き渡らせなさい。それが、あまねくの本当の意味なんだよ」と、伝えられたと思うわけです。それ伝えるために、毎日耳元でゴチョゴチョと、誰とも分からない存在が言ってくれていたのです。

ある書物に出会ったりすると、こうした反応が自分の中であり、「あ、それってそういうことだったのか」と気づかされるのです。

これまでビジネス書は何を読んでもピンとこなかったのですが、ある友人から勧められた『神との対話』という本との出会いから、完全に歯車が変わりました。この本では「向こうから必ず何か伝えている」ということが書かれていて、それを読んでから「僕が今まで聞いていたのも、それでいいんだ」と、解釈できるようになりました。

また、自分が仕事で行き詰まったことや「本当にこのまま続けていいのか、仏教とはそんなものじゃない」と感じて、私が会社を興したこと、そして、それによって周りからも責められたことなどを振り返って、これまで自分がやってきたことが仏教として本当に正しいことなのか否か、と考えていた時期があったのですが、自分の気持ちを探しに行こうと思い、陽明学の先生の講座を聞きに行ったのです。

すると今度は「政賢《せいけん》の言なれど、心に適わずばこれを用いず」という言葉に出会わされました。これは「どんなに優秀で素晴らしい人の言葉でも、自分の心に合っていなかったならそれは用いない」ということ。それを聞いて、今の自分の気持ちを言い当てている、と思いました。私がしてきたことを「仏教ってそんなもんじゃねぇだろう。舐めるな」と周りの多くは言うけれど、自分の心の中に出て来ているのはそれじゃない。そう、きっと舐めていました。舐めてかからないと変われないくらいに仏教は廃退寸前、腐れ切った輩《やから》によって骨抜きの状態にもされていたのですから。誰かの利権を満たすためにある仏教的なものなら要らないと、私は強く思いました。お前はそれ貫けばいいのだ、ということを見えざる誰かが私に伝えてくれているのではないかと思ったものです。

この時を境に、私は自分の中から起こるもの、そして外から与えられるもの、それら全てを否定せず、受け止め受け容れて、活かしていくと心に決めたのです。

「ありがとう」を言い続けられる人生を

コロナ禍で日本におけるデジタルシフトが20年は進んだと言われていますが、本当にインターネットはとても便利で、私も他の人とやりとりする時のコミュニケーションツールとしてzoomをよく活用しています。打ち合わせもできますし、若い世代の仏教者の中には、zoomで「ネット説法」みたいなものをやったり、YouTubeで番組配信をしたり、自分たちらしい活動をしている人たちもいます。気軽にできますし、実際に会ったことがなくても顔を見ながら話せるので親近感も湧きますし、そういういいところはどんどん使っていけばいいと思います。

ただ、あまりにもデジタル化が進みすぎて、情報過多になってしまっている。最近はいろんな情報が入りすぎて、それを選ぶだけで考えない人が多くなってきた気がして、情報がありすぎるのも良くないなと思っています。ネットサーフィンをしながら情報の波の中で溺れているようにも私には感じられます。

その情報が正しいものだといいのですが、信憑性《しんぴょうせい》に欠ける情報が載っていても「ネットでこう書かれていたから」と鵜呑みにしてしまう。自分がどうしたいのかを考える前に、ネットで検索してしまう癖がついている人がすごく多くなっていると思います。こうなると自分では考えなくなってしまう。

いろんな情報を得て、それを知識とするのはいいのですが、知識はそれを使いこなせなければ知恵にはならない。人は知識人ではなく知恵者であるべきだと私は思っています。人から聞いた話を「誰から聞いたから」と言うのではなく、一度自分の中に取り込んで、しっかりと考えることをしないと知識は知恵にはならないのです。

今の人は大量の情報の中で選ぶことに必死になりすぎて、考えることをしないので、得た情報が知識にもなっていないのです。

大量の情報の中から選んだのは自分のはずなのに、何かあると人のせいにしてしまう人がどれほど多いことか。私も一度「林さんが言ったからやったら、うちはこんなことになった」と言われたことがありました。しかし人は、与えられたままを鵜呑みにするのではなく、常に考え、その考えて出した答えを選択し、行動したのは自分自身だと、その責任は自分で負う覚悟をすることが必要だと思います。

その一方で、「これが常識です」と、自分が持っている知識にこだわりすぎる人も少なくないと感じます。「これが常識だから、こうしなくちゃならない」「こうするのが当たり前、そうじゃなければ常識とは違う」という人が決して少なくありません。

仏教で「愛」という文字は、醜愛《しゅうあい》、愛執《あいしゅう》など執着するもののイメージが強く、どちらかと言うといい意味で使わないとされています。今は戒名の中に「愛」という文字を入れさせていただくこともありますが、昔はあまり使われることがなかったようです。

ある時、愛という言葉についての説明を会報誌に載せたら「愛って悪い意味なのに、何でうちのお母さんの戒名に入っているんだ」と、かなり怒った口調で言ってこられた方がいました。「確かに醜愛、愛執という意味もあるんですけど、でも原点に帰れば、全員が愛なる存在なのです。お母さまが生前、慈愛を持って皆さんに接してこられたのなら、愛という文字を使うことが、悪いことだとは私は思いません。愛という言葉の意味には仏教ではそういう見方をすることがあるけれども、それが全てではないというのも分かっていただきたいです。

会報誌については、スタッフが担当をしていて、私が最終チェックをせずに皆さまの元に送ってしまったのは本当に申し訳なく思っています」と説明はしたのですが、かつてはそうだった、けれど今はこうだ、ということを正しく情報を発信することも大切ですし、受け取る側もしっかりと内容について考えることができていれば防げたトラブルかもしれません。

葬儀社が出しているパンフレットや自社サイトの中にも「私たちが取り扱っている葬式は、これが当たり前です。これが常識です」みたいな書き方をしているものも多いのですが、地域が違うと風習も変わりますし考え方も変わってくるので、常識も当たり前もまた違って然りです。

新型コロナウイルス感染患者が亡くなった場合、火葬をして遺骨として帰ってくるケースが見られますが、「骨葬」の風習のある地域では、これが普通のことなのです。「収骨」も関西では全てを拾うのではなく、頭部付近の一部を集めてするのが一般的です。

こうしたことからも自分たちの常識が正しい、というわけではないのです。「常識」とは、社会的な知識という意味なので、社会が変われば「常識」も変わるもの。時代が変われば「常識」も変わっていくものなのです。それをいつの時代のものかも分からない「常識」を、まるで洗脳されたように信じ込んでしまっていては、時代に取り残されていくだけだと私は思います。持つなら「常識」ではなく「良識」ではないでしょうか。

私もお勤めをさせていただく中で、こうした「常識だから、どうしてこうしない」といった理不尽な言葉を投げつけられることもありましたが、そんな時は父のことを心に思い浮かべます。そして「ありがとうございます」と感謝を述べ、自分の至らなさを恥じるのです。そういう言葉を投げつける方への怒りに変えてしまわないために。

法要のやり方も「こうしなさい」という決まりはないので、自分たちで考えてすればいいのです。「やらなきゃいけない」ではなく「させていただく」ことで、先祖をはじめ仏様や神様に繋がり、自分の心を整えていくものにもなると思います。

私が「させていただく」という言葉の使い方をしているのは、どんな時も感謝を保ち続けようとする心の現れなのかもしれません。

常に感謝する意識を持ち、それを伝えることができた尊敬すべき父。時には堪えられない我慢を「ありがとう」という言葉の裏に隠して、自分の心を整えることもあったのかもしれません。ただ、父の本心がどうだったのかを知ることはできません。

私はそれを伝える役目になった以上、良きものとして伝えていく使命があります。それが父を通して、先祖から授かった教えなのだと感じているのです。「ありがとう」は、いくら言っても言い足りることはないので、どんな時も「ありがとう」を言い続けながら自分の人生を終えられたらいいと思います。

「おぼうさんどっとこむ」とは

最後に私が設立した「株式會社おぼうさんどっとこむ」について簡単に説明します。葬儀や法要、戒名などについて、よく分からないと言われる方のために、私たち仏教側の人間がもっと携わっていかなければならない、と考えて設立したのが「株式會社おぼうさんどっとこむ」です。

当初は、仏教の教えをより身近に感じてもらい、生き方を調えていただくセミナーや研修で、心豊かな人を多く創っていこうと思い立って起業しようとしました。そのための意見を戴こうと、様々な方々の声を聴いて回ったのですが、多くの方々からは「高額なお布施を何とかしてほしい」「お寺に墓質を取られて、好き放題にされ、本当に困っている。何とかできないか」という悲痛な叫びばかりを聞かされることになりました。そこでまずは、そちらの調え直しから始めていかないと、仏教は日本から消えてなくなってしまうとの危機感で、先述のような仏事に特化したサービスを展開する事業へと舵を切ったのです。

最近は檀家にならず、お寺とのつきあいがなく、葬儀の際に「誰に頼んだらいいのか分からない」「葬儀の仕方が分からない」という人も増えています。そうした際に宗派を問わず、気軽に安心して相談してもらいたいのです。

「株式會社おぼうさんどっとこむ」は、葬儀に僧侶を派遣するだけでなく、仏事全般について様々なサービスを提供している会社です。

「葬儀の際に、お坊さんに来てもらいたい」という依頼や、葬儀も一緒にやってほしい、法事にきてくれるお坊さんを頼みたい、生前に戒名を付けてほしい、そして仏前結婚式を行ないたいなど、仏事に関することを気軽に相談してもらい、皆さまと一緒に悩みながらそれぞれの機会を最良なものに創り上げていくところです。

私どものやり方は、皆さまがどうしたいのかをまずしっかり考えてもらい、それを実現する方向で支えていく、というものです。

仏教では「こうしなくてはならない」といった決まり事はありませんから、皆さまがやりたいことをやりたいように形にし、そして儀式を創り出し、調え、仕上げていけば良いのです。

もちろん、法律や仏教の教えに反することや、ご家族に良い影響を齎《もたら》さないことについてのアドバイスはしますが、それ以外は望まれることが達成できるように支えていくのが私どもの仕事であると考えています。今までやっていることが定説になっているけど、それが我が家に合わない、ということであれば、変えても構わないと思います。位牌が要らないと考えるのなら、位牌を外せばいい。仏教には浄土真宗のように、もともと位牌を作らず、故人の名前や戒名、没年月日など示した過去帳だけを備える宗派もあるのです。ただ、浄土真宗の人でも位牌を作ってはいけないわけではなく、宗派の考え方の中で、自分たちが何をどう受け入れて、何をどう調えて、気持ちよく手合わせをしていくかを考えていけばいいだけです。

最近は情報化が進み、インターネットで簡単に情報を手に入れることができるようになりましたが、こうした仏事だけでなく「インターネットの情報には『こうしなければならない』と書いてあった」と安易に信じて、誤解している人が多くなってしまってもいます。

しかし、仏教では「悪いことはしてはならない」という教えはあっても「しなければならない」という定義はないのです。こうした誤解の原因は、やはり知らない、教えられていない、分からないことが原因なのです。

戦後生まれの70歳代前半の団塊の世代前後の人たちは、仏教的な教えとか、神道的な思想みたいなものを親から教えられず、そして受け継いでいない人が多いようなのです。そうした世代の子どもたちも同様で、分からないから何でも任せればいいと、自分たちで考えようとしなくなっていて、この人のためにどうしてあげたいか、と考えることを面倒くさがる傾向にあるように思われます。だからインターネットの情報をそのまま鵜呑みにして「この通りやればいい」と平気で言ってしまう人もいます。

私どもはそういう考え方ではありません。まずは皆さまがどうしたいのかをしっかりと聴き取り、それが法に触れることや周りに迷惑を及ぼすものでなければ、全力で支え、達成できるようにご一緒します。葬儀の運営に関しても「設《しつら》えるまでの最小限必要なパッケージは用意しているので、あとは自分たちの手で作り上げてください」と提案しています。葬儀などの儀式は、自分たちが街で買ってきた花などを故人のことを思い出しながら飾り付けをして作り上げるほうが心のこもったものができますし、費用も安く抑えることができるのです。法事の際だって同様です。自宅で行なうのか、他の施設やお墓で行なうのか、それを決めて、各ご家庭、ご家族で、その場を調えているのではないですか？　お花を飾って、故人様のお好きだったものを供えて、故人への感謝を向けるのでしょう。

葬儀だって同じことなのです。だからこそ、「やらされごと」にしないように、家族が望まれる形で調えればいい。

一番大切なのは、心なのです。

私どもでは目安となる金額を定めていますが、やり方によっては更にかける費用を抑えることもできます。葬儀などにかける予算があまりない場合は、はじめに金額を言ってもらえれば、その費用に合わせたものを提案することができます。私の友人が言われたように「５００万円払えなければできない」ということではないのです。

ただ、できる限り皆さまのご希望に沿った形で考えていくのですが、あれもこれも……とやっていけば費用は当然高くなっていきます。そして、最終的にお支払いの時に「お金がないので払えません」では、私どもも会社なのでとても困ってしまいますから、事前に相談をしてもらえれば、と思います。

葬儀の章でも述べましたが、私は借金をしてまで葬儀をする必要はないと思っています（もちろん法事もです）。

そういう時は、自分たちで手をかけて葬儀を出せばいいのであって、心から見送ってあげたいという気持ちのほうが大切です。

その逆も然り。「これだけしかお前たちに遺してやれないから、葬儀は火葬だけでいいよ」と生前に故人様が言っていたとしても、その言葉通り従う必要はないのです。「一日でもお坊さんを呼んでお経を上げてもらいたい、家族だけでもお葬式をして見送りたい」と考えるのなら、そうやってあげればいいのです。

そういう姿は、見えないかもしれませんが、葬儀の時には故人様は近くにいて、ちゃんと見たり、聞いたりしているものです。しかし「親父はああ言ってお金を遺していったけど、そんなの関係ない」と何もやらない、と決めてしまう人もいたりします。そういう考え方もあるかもしれませんが、その父親がいなければ、今ここに存在はしていないのだ、ということを少しでも考えてもらいたいのです。

もしお金がなくても、兄弟が3人いたら、少しずつ出し合って「親父、これで勘弁してくれ」でもいいのです。その後、父親のことを忘れ切らないよう、父親がしてくれたことを思い出す機会となる法要を、ご家族のタイミングでやってあげればいいだけのこと。法要をやれる状況になった時に、改めて場を設ければいいのです。仏教というのは、そういう機会を提案しているだけで、やらなければならない、ということではないのです。

何も人を集めて、食事などを振る舞うような会を開かなくても「俺、一生懸命、般若心教を覚えたんだ」と、墓前で自らお経を唱えて差し上げるだけでもいいのです。それだけでも、故人様もきっと喜んでくれることでしょう。「でも、たどたどしくおぼつかなくて、供養になっているか心配で……」そんな時は私でよければ、相談してください。ご遠方の場合には、法要に伺う際の交通費は実費でかかるので戴くことにはなりますが、お布施は「これだけしかないのですが」と、ほんの心づけでも構いません。私が伺えば、そこは何とでもなりますから。また、今コロナ禍で、オンライン法要なる行ない方も出てまいりました。本来でしたら現地（ご希望の場所）に出向いてという形で対応してきましたが、お客様のところのハード面（パソコン、タブレット、スマートフォンなど）のご準備如何によって、動画配信、音声のみ、もしくは当日の法要の様子を報告するなど、ご希望に沿って対応できるよう、準備を調えました。ご遠方の方でも、私ども「おぼうさんどっとこむ」の理念に共感していただき、このような形での法要をお受け容れいただけるのであれば、喜んで対応させていただきます。

また、事務所を昭島に移転して2年。ほぼほぼコロナ禍の中を過ごしてきましたが、大変な思いをすることもある反面、多くのお客様と地域の方に支えられて今があります。

そこで、地域の方々にご恩返しできることはないかと考え、この本の出版と時期を合わせ、「あなたの街のお坊さん」という、新サービスを立ち上げました。

地元となる昭島市を中心に、隣接する立川市、武蔵村山市、福生市、羽村市、瑞穂町、日野市、八王子市、国立市、東大和市の10市町で執り行なわれるご法要については、特別な料金にて対応してまいります。よろしければ、弊社「おぼうさんどっとこむ」のホームページ、https://www.obohsan.com で「あなたの街のお坊さん」、ご葬儀なら「地域限定・あなたの街のお坊さん」を、ご法事なら「あなたの街のお坊さん・施設利用プラン」「地域限定・あなたの街のお坊さん」をご覧になっていただき、ご活用いただけましたら幸甚に存じます。

加えて、従前のサービスも引き続き展開しておりますので、何なりとご相談ください。皆さまにとっての最善を一緒に考えさせていただきます。

さて、供養や法要は、自己満足でするものではないのです。宗派やブランド、有名な人にお願いすることにこだわる人もいますが、そうしたこだわりを貫けば、必然的に費用は高くなります。しかし、そのこだわりは供養や法要に本当に必要なものなのでしょうか。私は、それは自己満足でしかない、と思えてなりません。そういうことではないのです。

本当に必要なのは、故人を忘れ切らないこと、先祖に感謝をすること、そしてその機会を作ること。お金ではなく、本当にやりたいことは自分たちで作り上げていく、それが現状ないのであれば創り出していく、その気持ちを私どもはサポートしているのです。

おわりに

今般、この本を出させていただけることになったのは、多くのご縁の賜物と深く感謝申し上げる次第です。

実はこの5年間、自分というものを見失うような大きな困難からの再生という時間でもありました。

「人は人でしか磨かれない」ということをいろんな意味で解らせられる出会いと別れ、そしてその中で揺れ動いてしまう弱い弱い自分の心に気づかされる時間でした。

人は裏切る、人は平気で嘘をつく、人はずるい、人は自分さえよければいい……、そんな生き物だと、そんな思いばかりが去来する日々に、自分が嫌になり、人知れずこの命を終えてしまおうかと考えている自分にも何度となく出遭いました。

私自身、本当には自分を赦せていないなと考えていた時に、大切な友人の佐々木貞治さん、綾さん夫妻のお声掛けで、青林堂書店様との出会いをいただきました。

「何でも思いっきり、好きなように書いてください」

このように言ってくださった蟹江社長と渡辺取締役の与えてくださる安心感により、自由に筆（ま、PCでパチパチしたわけですが　笑）を進めることができました。

7年前に他社様で出版の機会を戴いた際には、病、手術と重なってしまい、思ったようなものを書くこともできず、心が折れてしまい「まぁ致し方ないだろう、初のことだし」と、自分でも納得のいかないまま出版してしまった経緯があり、よもやの天啓の機会がこのような形で齎《もたら》されるとは思ってもいませんでした。

「感謝ですよ」と言っておきながら、自分がこの5年間、生きていられたことへの感謝は薄くなってしまい、何で生きているのだろうと漠然としかも時間を徒労する日々だったと、今更ながらに振り返る時間を戴き、それが本当は無駄な時間ではなかったのだと改めて気づかせていただきました。

やはり人は、「ありがとう」と「おかげさま」でできているなと改めて思います。

そして、言えなかった「ごめんなさい」を思い返し、躊躇している暇があったなら、いさぎよく非を認め、謝った後に始まることのほうが圧倒的に多いのだと心を調え直し、これからを生きていこうと思い直せました。

この本には、そんな思いが多分に詰まっています。

貞坊、綾ちゃん、ありがとう。蟹江社長、渡辺取締役、ありがとうございます。

更には、今までご縁を戴いた、もちろんイイことばかりでない、嫌だと思うことや怒りを覚える縁を与えていただいたことも含め、全ての縁に育てていただいた林数馬という人間が、感謝を込め、これからの残りの人生を楽しく前向きに生きていくべく心に誓い、筆を置く（いや、何度も言いますが、ＰＣを閉じる　笑）こととします。

この本を手にした人が、みんな幸せでありますように。

合掌

著者略歴

林　数馬（はやし　かずま）

株式会社おぼうさんどっとこむ代表取締役。1966年群馬県桐生市生まれ。天台宗寺院に生を享け、高校卒業までを寺で過ごす。大正大学大学院文学研究科（天台学）修士修了。大正大学、同大学院修士にて仏教を学び、修士修了後には信念をもって僧侶の道を歩むものの、数多の理不尽なことに遭遇、経験し、2004年9月に勤務していた寺院を退職。「社会に信用される、僧侶としての新しい形」を目指し、同年12月、株式会社おぼうさんどっとこむを設立、代表取締役就任。

おぼうさんどっとこむ　https://obohsan.com/

亡くなった方が望むお葬式

令和 3 年 11 月 24 日　初版発行

著者　　林 数馬

発行人　蟹江 幹彦

発行所　株式会社青林堂
〒 150-0002　東京都渋谷区渋谷 3-7-6
電話　03-5468-7769

装幀　　（有）アニー

協力　　（株）Amour

印刷所　中央精版印刷株式会社

Printed in Japan
© Kazuma Hayashi 2021
落丁本・乱丁本はお取り替えいたします。
本作品の内容の一部あるいは全部を、著作権者の許諾なく、転載、複写、複製、公衆送信（放送、有線放送、インターネットへのアップロード）、翻訳、翻案等を行なうことは、著作権法上の例外を除き、法律で禁じられています。これらの行為を行なった場合、法律により刑事罰が科せられる可能性があります。

ISBN 978-4-7926-0716-6

失われた日本人と人類の記憶

矢作 直樹
並木 良和

人類はどこから来たのか。歴史の謎、縄文の秘密、そして皇室の驚くべきお力！ 壮大な対談が今ここに実現。

定価1500円（税抜）

日本建国史

小名木 善行

縄文から室町時代まで史実の裏側を探り、歴史教科書と異なる驚愕の日本史を著した書！

定価1800円（税抜）

宇宙マスター神「アソビノオオカミ」の秘教

松久 正

ドクタードルフィン松久正によるアソビノオオカミパワーが込められた神札付き！ 大宇宙大和神と対をなすアソビノオオカミが人類解放のパワーを送る。

定価2880円（税抜）

東京に北斗七星の結界を張らせていただきました

保江 邦夫

2021年の正月に、東京の7箇所にそれぞれ結界を張りました！ これで東京は安全です。本当の神の愛は感謝だけ。

定価1500円（税抜）

一寸先は光です―風の時代の生き方へ

はせくら みゆき

目に見えるものが大事だった「地の時代」から見えないものが主流となる「風の時代」へ。心穏やかに喜びの中で生きるためのヒントを綴りました。

定価１６００円（税抜）

あなたもなれるライト・スピリチュアリスト入門

林 雄介

現実世界での努力があなたを幸運に導き、霊感がなくとも誰でもスピリチュアリストになれる。

定価１６００円（税抜）

まんがで読む古事記　全７巻

久松 文雄

神道文化賞受賞作品。古事記の原典に最も忠実に描かれた古事記漫画の決定版！

定価　各９３３円（税抜）

真・古事記の宇宙

竹内 睦泰

急逝した第七十三世武内宿禰の竹内睦泰が残した門外不出の口伝を復刊。

定価１６００円（税抜）